Kriminalerzählung

Delikte
Indizien
Ermittlungen

DIE

Reihe

Die junge Kriminalistin Karin Mikulka hat gleich zu Beginn ihrer Laufbahn eine harte Bewährungsprobe zu bestehen: Als sie den Zusammenhang zwischen einigen ungelösten Fällen und neuen Anzeigen ahnt, will sie dem sofort auf den Grund gehen und ist damit, wie sich zeigt, auf der richtigen Fährte, obwohl sie sich mit dieser Version zunächst nicht durchsetzen kann. So beginnt sie allein die Suche nach einer raffiniert getarnten Täterin, die sich alten, alleinstehenden Frauen in heimtückischer Absicht nähert ...

Gabriele Gabriel

Delikte
Indizien
Ermittlungen

DIE

Reihe

Schuldschein gegen Totenschein

Verlag Das Neue Berlin

ISBN 3-360-00148-6

1. Auflage

Lizenz-Nr.: 409-160/209/88 · LSV 7004
Umschlagentwurf: Erhard Grüttner
Printed in the German Democratic Republic
Gesamtherstellung:
Grafischer Großbetrieb Völkerfreundschaft Dresden
622 809 4
00200

Freitag, 14. September

Die Mittagszeit neigt sich ihrem Ende zu, als eine rothaarige Frau mit weitausgreifenden Schritten eilig und fast diagonal über den Parkplatz vor der Oper geht. Sie erreicht ein Stück unterhalb der Ampelkreuzung die mehrspurige Straße.
Kurz vor dem herannahenden Fahrzeugstrom rennt die Frau bis zur Straßenmitte. Hier wird sie einen Augenblick durch den Gegenverkehr aufgehalten, betritt aber die gegenüberliegende Seite noch während der Rotphase der Ampeln. Ohne weiteren Aufenthalt läuft sie den breiträumigen Bürgersteig hinunter und auf ein wabenförmiges Punkthochhaus zu, das alle anderen Gebäude überragt. Ihr Mantelkragen ist hochgestellt. Unter dem rechten Arm trägt sie ein Paket. Es ist sorgsam mit brauner Papierschnur verknotet und hat die Größe eines zu flach geratenen Tortenkartons.
Der Eingang des Hochhauses befindet sich in der Seitenstraße. Bevor die Frau auf ihn zugeht, verweilt sie an der Straßenecke neben dem Zeitungskiosk. Scheinbar interessiert betrachtet sie Zeitschriften und Bücher. Unauffällig blickt sie sich dabei um. Schnell beugt sie den Oberkörper über die rechte Schulter schief. Danach hinkt sie zum Eingang, das rechte Bein nachschleppend.
An einem der vielen Klingelknöpfe des Einundzwanzig-Geschossers läutet die Frau lang anhaltend und dringlich. Nach einer geraumen Weile knackt es in der Sprechanlage. Es meldet sich Anna Linders. Ihre Stimme klingt ein wenig verschlafen oder auch verwundert.
„Frau Schumann schickt mich. Ich bringe Ihnen etwas“,

erklärt die Fremde. Daraufhin beginnt der Türöffner zu summen, und die Riffelglastür läßt sich aufdrücken. Die Frau schlüpft ins Haus und hinkt zu den Aufzügen. Einer steht abfahrbereit. Eilig steigt sie ein.

Fast zur gleichen Zeit nähert sich ein weißhaariger Herr mit zwei Einkaufsbeuteln. Es ist der Rentner Jansen. Er bewohnt eine Einraumwohnung mit Küche und Balkon auf derselben Etage wie Anna Linders. Kurz nach seinem Einzug vor sechs Jahren hatten sie sich kennengelernt. Anna Linders half ihm, mit der fremden Umgebung vertraut zu werden. Sie war stets zur Stelle, wenn ihm die Decke auf den Kopf zu fallen drohte. Dann redete sie ihm die Einsamkeit weg. Das war besonders am Anfang wichtig gewesen. Als nun Rentner Jansen die rothaarige Frau an der Haustür bemerkt, beschleunigt er seine Schritte und erreicht die langsam zufallende Tür gerade noch vor dem Einschnappen des Schlosses. Bevor er aber am Aufzug anlangt, setzt sich der leise brummend in Bewegung.

Die Frau, mit dem bisherigen Ablauf zufrieden, lehnt sich bequem gegen die Rückwand und verfolgt das Aufleuchten der Zahlen. Als der Lift hält, stößt sie sich forsch von der Rückwand los, geht hinaus auf den Flur mit der hellen Streublumen-Tapete. Es ist sehr still hier oben. Selbst das Geräusch der Schritte wird vom Teppichboden verschluckt.

Bevor der Korridor rechtwinklig wegbiegt, kriecht die Frau erneut in sich zusammen. Wieder zieht sie die rechte Schulter schief, ruckt den zu flach geratenen Tortenkarton fester in die Armbeuge und steckt ein winziges Lächeln in die Mundekken. Wieder schleppt sie das rechte Bein nach. Mit merkwürdigem Gang hinkt sie auf eine alte Frau zu, die zur spaltbreit offenen Tür herausschaut und das Näherkommen der anderen beobachtet. Nach einer gründlichen Musterung öffnet sich die Tür vollständig. Die alte Frau tritt auf die Schwelle. Links am Pfosten blinkt ein Messingschild mit dem Namen Anna Linders.

Die alte Frau ist nur mit einem knöchellangen blauwollenen Unterrock bekleidet und mit einem riesigen dunkelkarierten Umschlagtuch. Das dicke Webtuch umhüllt die knochigen

Schultern und den mageren kleinen Körper. Ihr Haarknoten baumelt grausträhnig locker im Nacken zwischen Haarnadeln und Haarklemmen. Sie schiebt die Hand aus dem Tuch hervor und begrüßt die Fremde.
„Ist was passiert mit Frau Schumann?“, fragt sie besorgt. „Seit einem Monat warte ich auf ihren Besuch. Kein Lebenszeichen, nichts! Ich bin sehr beunruhigt.“
„Ich weiß Bescheid“, sagt die Frau. „Ich habe Frau Schumann gestern beim Arzt getroffen. Die Ärmste hat es schlimm erwischt. Sie lag drei Wochen mit einer schweren Erkältung im Bett.“
Die Fremde sieht Anna Linders kurz an, ergänzt dann zögernd: „Sie sah auch gestern noch recht mitgenommen aus. Tiefe Schatten unter den Augen und wacklig auf den Beinen. Wird bestimmt noch vierzehn Tage dauern, bis sie völlig gesund ist. Deshalb bat sie mich auch, Ihnen Nachricht zu geben.“
Anna Linders schlägt die Hände zusammen. „Warum hat sie mir denn nicht geschrieben“, fragt sie. „Ich hätte mich doch um sie kümmern können.“ Sie sieht zu der anderen auf, hofft auf eine Erklärung. Doch die hat keine parat, zuckt nur mit den Schultern. In die momentane Stille hinein stutzt die alte Frau plötzlich. Ihre Augen blicken wacher, mustern die unbekannte Frau aufmerksamer.
„Haben wir uns schon einmal gesehen?“ fragt sie unsicher.
„Nein, ich glaube nicht.“
Um den barschen Tonfall abzumildern, ergänzt die Frau rasch: „Ich kenne Frau Schumann nur flüchtig. Vom Schreibmaschinenlehrgang an der Volkshochschule. Aber das liegt sechs Jahre zurück.“
Noch immer schaut Anna Linders nachdenklich. Sie scheint nicht überzeugt. Angestrengt sucht sie nach einem Erinnerungsbild, kann es jedoch nicht finden. Ärgerlich über sich schüttelt sie den Kopf.
Die rothaarige Frau lenkt behutsam das Gespräch in eine andere Richtung: „Frau Schumann fiel ein Stein vom Herzen“, erzählt sie, „als ich ihr anbot, das mit Ihnen zu erledigen. Ich

hatte in der Nähe zu tun. Es war nur ein kleiner Umweg für mich."

Sie hält Anna Linders auffordernd das flache Päckchen hin.

„Bei dem naßkalten Wetter werden Sie es brauchen können", sagt sie freundlich. Anna Linders nimmt den Karton zögernd entgegen. Fast unmerklich wiegt sie ihn in der Hand. Er ist leicht. Aber da wird sie bereits aufgeklärt: „Das lang versprochene Heizkissen. Es ist nicht mehr ganz neu. Aber das wissen Sie ja."

Anna Linders schluckt mehrfach. Sie ist gerührt.

„Daß Frau Schumann daran gedacht hat", sagt sie leise. Ihre Stimme klingt belegt. Sie räuspert sich energisch und erzählt dann mit wieder fester Stimme: „Heute Morgen habe ich sogar im Bett gefroren. Das ist der Wind. Der pfeift ganz schön um unser Haus. Der nimmt das letzte bißchen Wärme mit. Früh waren nur noch achtzehn Grad am Zimmerthermometer. Da bin ich gar nicht aufgestanden. Ja, wenn die Sonne über Mittag hervorgekommen wäre." Sie zuckt bedauernd die Schultern. „Seit vier Tagen nun schon dieses scheußliche Wetter. Nur grau in grau. Ich kann es in allen Knochen spüren. Jetzt brauchte man einen gutgeheizten Berliner Ofen ..." Sie zieht ein bekümmertes Gesicht. „Eigentlich wollte ich heute in den Park."

In diesem Augenblick biegt Herr Jansen mit seinen zwei Einkaufsbeuteln in den Flur ein. Er hatte eine geraume Weile auf den Lift warten müssen. Beim Vorbeigehen grüßt er freundlich und lächelt Anna Linders zu. Die alte Frau erwidert sein Lächeln und sieht ihm nach, bis er hinter der nächsten Ecke verschwunden ist.

Als ihre Aufmerksamkeit zu der Frau zurückpendelt, drängt diese zum Aufbruch. Sie verabschiedet sich und geht mit ihrem merkwürdigen Gang in Richtung Aufzug. Kurz bevor der Korridor rechtwinklig abbiegt, dreht sie sich um. Anna Linders winkt von der Türschwelle her. Da steckt die fremde Frau noch einmal ihr Lächeln in die Mundecken, bevor sie aus Anna Linders' Blickfeld verschwindet.

Freitag, 14. September, 21 Uhr 54

Der Freitagabendfilm ist zu Ende. Rentner Jansen drückt den ohnehin kalten Zigarrenstummel im Aschenbecher aus und erhebt sich aus seinem Ohrensessel. Bis zum Beginn des nächsten Filmes bleibt genügend Zeit, den großen Topf Hagebuttentee zu brühen. Er geht in die Küche. Während er auf das Kochen des Wassers wartet, stellt er fest, daß er vergessen hat, Zucker zu kaufen. Da er Anna Linders' Gewohnheit kennt, bis zum Sendeschluß fernzusehen, nimmt er eine Tasse und geht damit aus der Wohnung.

Auf dem Flur bemerkt er Rauch. Es riecht brandig. Unter Anna Linders' Wohnungstür quillt es schwarzblau hervor. Erschrocken läuft er auf die Tür zu und schlägt mit den Fäusten dagegen. Im Innern bleibt alles still. Er legt sein Ohr an die Türfüllung und lauscht. Nichts! Er rennt zum Lift. Ohne Unterlaß drückt er auf den Rufknopf, obwohl er weiß, daß es nicht hilft.

Endlich kommt einer! Er bringt Jansen in die siebzehnte Etage. Links, neben dem Aufzug, wohnt Familie Schulz. Es sind junge Leute, bei denen der Rentner in der Vergangenheit des öfteren telefonieren durfte. Anna Linders hatte das vermittelt. Sie kannte die Frau mit den beiden Kindern vom Park her.

Der alte Mann klingelt Sturm. Er zittert vor Aufregung. Da die Tür nicht gleich geöffnet wird, erfaßt den Rentner die Angst, die jungen Leute könnten nicht zu Hause sein. Als sie dann doch aufgeht, taumelt er Herrn Schulz entgegen, der eilig zufaßt und Jansen ins Wohnzimmer bringt. Er setzt den alten Mann in einen Sessel. Die Frau gießt ihm einen Stärkungsschnaps ein.

„Es brennt!" sagt Jansen. „Die Feuerwehr, schnell. Der Qualm dringt schon unter der Tür durch. Frau Linders meldet sich nicht. Aber sie muß doch in der Wohnung sein!"

Herr Schulz läuft zum Telefon und alarmiert über Notruf die Feuerwehr.

Viereinhalb Minuten später treffen ein Löschzug der Feuer-

wehr und der Krankenwagen am Hochhaus ein. Die Feuerwehrleute öffnen die Korridortür zu Anna Linders Wohnung gewaltsam.
Dunkle Rauchschwaden versperren die Sicht. Zwei der Männer setzen sich Atemschutzmasken auf und gehen hinein. Die anderen bleiben vorerst auf dem Flur und geben über Funk eine Lagemeldung an die Löschfahrzeuge weiter. Währenddessen haben sich die beiden Feuerwehrleute zur Wohnzimmertür durchgetastet, sie verständigen sich kurz, dann drückt der erste die Klinke hinunter und stößt die Tür weit auf. Die Männer gehen in Deckung. Häufig passiert es, daß aus der entstandenen Öffnung eine Feuersäule herausfaucht, genährt durch die plötzliche Sauerstoffzufuhr. In der verstreichenden Zeit können die Männer den Feuerlärm aus dem Zimmer deutlich hören.
Beim Eintreten ergibt sich folgendes Bild: Der hintere Teil des Raumes steht in Flammen. Das hölzerne Bauernbett an der Rückwand brennt lichterloh. Der dreitürige Kleiderschrank am Kopfende hat ebenfalls Feuer gefangen sowie ein Sessel vor dem Bett und der Bettvorleger. Durch die starke Hitzeeinwirkung hat das Feuer bereits auf die Gardinen übergegriffen. Der Fußbodenbelag ist zum Teil verkohlt oder weggeschmolzen.
Bei genauerem Betrachten der Brandstelle machen die Feuerwehrleute eine grausige Entdeckung. Im Bett liegt die zusammengeschrumpfte, schwarz verfärbte Leiche der alten Frau.
Der Wohnungsbrand wird in verhältnismäßig kurzer Zeit gelöscht. Trotzdem müssen einige Mietparteien vorübergehend evakuiert werden. Das ist erforderlich wegen der starken Rauchentwicklung und der giftigen Dämpfe vom Fußbodenbelag und wegen des Wasserschadens, der bei den Löscharbeiten entstand. Fünf Familien ziehen für eine Nacht ins Hotel. Der Krankenwagen der Feuerwehr wird über Funk abberufen, da zusätzlich ein Barkas der Schnellen Medizinischen Hilfe eingetroffen ist. Er hat einen Arzt an Bord, der den Tod der Anna Linders amtlich feststellt und den To-

tenschein ausfertigt. Anschließend kümmert sich der Doktor um Kopfschmerzen, Übelkeit und Schwindelgefühl bei einigen Mietern. Zum Glück alles nur leichte Fälle von Rauchvergiftungen.

Dann treffen die Sachverständigen der Kriminalpolizei ein. Sie beginnen unverzüglich mit ihren Ermittlungen. Kurze Zeit später fährt der Bestattungswagen vor. Die Leiche muß zur Obduktion ins Gerichtsmedizinische Institut. Die Männer werden durch einen Kriminalisten eingewiesen. Sie sargen die alte Frau ein, doch bevor sie die Wohnung wieder verlassen können, holt ein anderer Kriminalist den Rentner Jansen herbei. Er soll die Leiche identifizieren.

Entsetzt weicht der alte Mann zurück, als der Kriminalist das Tuch am Kopfende des Sarges anhebt. Sein geflüstertes „Ja" ist kaum hörbar. Danach geht er in seine Wohnung und legt sich aufs Sofa. Anna Linders' Tod und ihr Anblick haben ihn zutiefst aufgewühlt. Doch er findet keine Ruhe. Kaum ist der Bestattungswagen abgefahren, erscheinen erneut zwei Kriminalisten bei ihm. Während des Gespräches beginnt der alte Mann plötzlich zu schwitzen. Kreise und Punkte tanzen vor seinen Augen. Sein Mund wird trocken. Danach setzen Herzschmerzen ein und Angst. Herzanfall, diagnostiziert der herbeigerufene Arzt. Er gibt Jansen eine Spritze und verordnet sofortige Bettruhe.

In den Tagen nach dem Brand stehen die Mieter des Hochhauses öfter auf den Fluren zusammen, als im allgemeinen üblich. Die ständige Anwesenheit der Kriminalpolizei liefert immer neuen Gesprächsstoff. Gerüchte grassieren.

Das Kriminalistenteam hat alle Hände voll zu tun: Die Bewohner des Hauses werden befragt; fotografische Vergrößerungen müssen angefertigt werden; Spuren, soweit vorhanden, warten auf Auswertung; die Anwesenheit bei der Obduktion macht sich erforderlich, Gespräche mit dem Gerichtsmediziner folgen, der schriftliche Obduktionsbefund muß zugeordnet werden ... Die Arbeit reißt nicht ab.

Nach einer Woche intensiver Ermittlung und Auswertung steht für das K-Team fest, daß Anna Linders ein defektes

Heizkissen benutzt hatte. In der Asche ihres Bettes fand man Porzellankörper, wie sie zum Isolieren von Heizdrähten verwendet werden. Die meisten waren durch die Hitze zersprungen. Das verkohlte Kabelende hing noch in der Steckdose. Die Untersuchung von Steckdose und Stecker ergab, daß beides in Ordnung war, als das Heizkissen eingeschaltet wurde. Ein Defekt an den elektrischen Heizdrähten mußte zum Schwelbrand, Kurzschluß, schließlich zum Wohnungsbrand geführt haben. Möglicherweise war der Bruch der Drähte durch unsachgemäßes Aufbewahren oder Zusammenfalten begünstigt worden. Dann wäre ein Kurzschluß vorprogrammiert. Ein Unfall also, von Anna Linders selbstverschuldet.
Der zuständige Staatsanwalt sieht am 21. September die Akte noch einmal durch. Er weist das Ende der Untersuchungen an und damit den Abschluß der Akte bis Montag, den 24. September.

Freitag, 21. September

Karin Mikulka ist vierunddreißig Jahre alt und Leutnant der Kriminalpolizei. Während des vierjährigen Kriminalistikstudiums hatte sie gehofft, nach dem Schulbesuch wieder in der Heimatstadt eingesetzt zu werden. Aber es kam anders. Die Großstadt L. verfügte über freie Planstellen, die es umgehend zu besetzen galt. So war sie vor drei Wochen, nicht gerade jubelnd, mit ihrem Koffer in der befohlenen Dienststelle eingetroffen. Ihr Kommen wurde von den Vorgesetzten begrüßt. Sie hatte bereits vor ihrem Studium mehrere Jahre als Kriminalist gearbeitet.
Der Anfang im neuen Kreisamt gestaltete sich für Karin Mikulka jedoch enttäuschend. Kaum steckte sie ihre Nase etwas tiefer in die Abteilung, wurde sie von ihrem Chef, Major Kunze, für drei Wochen in die Ablage abkommandiert. Das empfand Karin Mikulka als Strafarbeit. Darüber hielt sie mit

ihrer Meinung nicht hinter dem Berg. Jeder, der es hören wollte und auch solche, die lieber weghörten, bekamen es wortreich erklärt, daß die drei Anfangswochen in der neuen Stadt verplempert wären, daß die Zeit, in der sie sich durch verstaubte Akten hindurchlesen mußte, vertan sei. Einige der älteren Kollegen lächelten über ihren Protest, wenn sie an den eigenen Einstand dachten. Sie hatten inzwischen längst begriffen, wie wichtig es war, sich mit lokaler Kriminalität, mit unterschiedlichen kriminellen „Handschriften" und Sonderheiten vertraut zu machen. Es blieb der unaufwendigste Weg, in den Organismus eines Kreisgebietes einzudringen und half, Irrtümer zu vermeiden und schneller Zusammenhänge zu erfassen. Grundvoraussetzung also für eine zügige Aufklärung. Gerade in der Ablage kreuzten sich in vorläufig eingestellten Fällen aus früheren Jahren und in Akten der unmittelbar zurückliegenden Zeit Vergangenheit und Gegenwart. Karin Mikulka würde das sehr bald selbst herausfinden.

Heute ist Freitag, der 21. September. Am Vormittag hatte sie mit einigen Kollegen Büromöbel für das neue Arbeitszimmer geschleppt. Danach war sie mit Anschaffen von Vordrucken, Aktenordnern, Lochern, Radiergummis, Schreibstiften und diversem anderen Kram beschäftigt. Alles Dinge, die in ein ordentliches Dienstzimmer gehören. Nebenher wurde ihr ein Telefonanschluß ins Zimmer gelegt, und die Maler holten die stehengebliebenen Farbtöpfe vom Vortag ab.

Gegen Mittag waren die Vorarbeiten erledigt. Unschlüssig stand die junge Kriminalistin inmitten des Zimmers und sah sich um. Der Raum strahlte in zweckmäßiger Nüchternheit. „Wie ein neuer Mantel", murmelte sie unzufrieden, „keine Falten, überhaupt nichts Eigenes." Sie kniete sich erneut in die Arbeit. Gegen sechzehn Uhr war ihr das Zimmer schon vertrauter. Sie hatte einige Bilder und Plakate an den Wänden aufgehängt. Auf dem Fensterbrett stand ihr Teewärmer mit der dunkelbraunen Keramikkanne und auf dem Schreibtisch eine stumpfweiße Porzellankatze.

„Jetzt kann es losgehen", sagt Karin halblaut, da läutet wie

auf Bestellung das Telefon.
Leutnant Mikulka bekommt von ihrem Chef, Major Kunze, den Auftrag, die Akten Linders von der Staatsanwaltschaft abzuholen und fristgemäß am Montag abzuschließen. Akte abschließen heißt: Formulare ausfüllen, Berichte schreiben, statistische Bogen fertigen. Schreibtischarbeit also.
Lustlos sperrt die Kriminalistin ihr Arbeitszimmer zu und macht sich auf den Weg zu Staatsanwalt Aurich.

Montag, 24. September, 7 Uhr 44

Gerade noch pünktlich schlüpft Karin Mikulka am Morgen durch die Einlaßkontrolle vom Kreisamt. Sie ist ein Langschläfer. Das war schon als Kind so. Damals versuchte es ihre Oma mit Zureden und mit Drohungen. Umsonst! Omas Geschichte, daß sich die Schummelei mit den Minuten auswachsen würde bis ins Alter und daß Karin dann immer im Bett bleiben müßte, fiel auf unfruchtbaren Boden.
Während Karin eilig den Innenhof überquert, lächelt sie vergnügt in sich hinein. Das mit dem Auswachsen scheint hinzudauern, denkt sie. Dann erreicht sie Block A, der die Kriminalisten beherbergt, und verschwindet darin. Das Treppenhaus ist um diese Zeit menschenleer. Unbeobachtet stürmt sie die drei Treppen hinauf, immer zwei Stufen auf einmal. Oben angelangt, bremst sie ab. Sie grüßt harmlos freundlich, geht an offenen Türen vorbei, den langen Gang hinunter, bis zu ihrem Zimmer. Schließlich mußte nicht jeder an ihrem Verhalten bemerken, daß sie sich verspätet hat.
Als sie ihre Zimmertür öffnet, quillt ihr abgestandener Malergeruch entgegen. Sie drückt die Tür sperrangelweit auf. Dann schaltet sie das Neonlicht ein und geht das Fenster öffnen. Der Durchzug wird den Gestank vertreiben, überlegt sie. Die Lampe flackert eine Weile, bis sie endlich Helligkeit verbreitet. Unterdessen setzt sich Karin hinter den Schreib-

tisch und beginnt alle notwendigen Utensilien auszubreiten, zuoberst die Akte Anna Linders. Doch bevor sie in den Arbeitstag einsteigt, saugt sie prüfend Luft durch die Nase. Im Zimmer hängt kein reiner Farbengeruch. Sie schnüffelt noch einmal. Jetzt genüßlich. Offensichtlich hatten sich am Wochenende Möbelpolitur und flüssiges Bohnerwachs dezent untergemischt.

„Verdammt sauber hier", mault sie gutlaunig über ihren Putzfimmel vom letzten Freitag und schließt die Tür. Das würde eine einmalige Sensation bleiben. Sie greift nach ihrer Lesebrille und zieht die Akte Linders zu sich heran. Dann schlägt sie die schmale Mappe mit den zusammengetragenen Ermittlungsergebnissen auf und liest aufmerksam. Durch das Studium der wenigen Blätter erfährt sie, daß in unmittelbarer Bettnähe alles verbrannt war. Wasser und Schaum der Feuerwehr bei ihrem Löscheinsatz taten ein übriges bei der Beseitigung von Spuren, falls es solche gegeben hatte. Als auswertbar lagen in der Akte vor: ein Obduktionsbefund und Fotos von einem verkohlten Kabelende und hohlen Porzellankörpern, wie man sie in Heizkissen zum Isolieren verwendet. Karin Mikulka verweilt bei der Vermutung der Kriminalisten über die Ursache des Brandes durch unsachgemäßes Knicken des Heizkissens. Die Version vom Bruch der Heizdrähte erscheint ihr logisch. Auch aus der Sicht, daß alte Menschen oft sorg- und ahnungslos mit Dingen umgehen. Anna Linders wird im Bett eingeschlafen sein, ohne an das eingeschaltete Heizkissen zu denken, rekonstruiert die Kriminalistin für sich den Hergang. Noch einmal steigen in ihr die Farbfotos von der verbrannten Frau auf. Sie fröstelt und zwingt sich, die Gedächtnisbilder zu verdrängen.

In der Akte deuteten keinerlei Anhaltspunkte auf ein Verbrechen hin. Das Gutachten des Gerichtsmediziners schloß zusätzlich eine gewaltsame Tötung des Opfers aus. Es bestätigte den Erstickungstod Anna Linders' an Blausäuredämpfen durch schwelende Bettfedern. Auch bei den Ermittlungen im Hochhaus und in der Wohngegend war die Branduntersuchungskommission auf keinerlei Hinweise gestoßen, die

eine Unfallversion in Frage gestellt hätte.
Karin Mikulka lehnt sich in ihrem Schreibtischstuhl zurück, nimmt die Brille ab und läßt das eben Gelesene noch einmal an sich vorbeiziehen. Alle Ermittlungen waren mit Präzision und Gründlichkeit geführt worden. Auch Jansens Darstellung hatte man eingehend nachgeprüft. Der Rentner gab zu Protokoll, daß Anna Linders am Brandfreitag Besuch von einer ihm unbekannten Frau erhalten hatte. Es war am frühen Nachmittag. Er hatte beide vor Anna Linders' Wohnungstür gesehen. Leider konnte er die rothaarige Frau nicht näher beschreiben. Sie stand mit dem Rücken zu ihm, als er vorbeilief. Er bemerkte lediglich, daß Anna Linders ein Paket in der rechten Hand hielt. Es hatte die Form eines zu flach geratenen Tortenkartons und war mit brauner Papierschnur verknotet. Anscheinend hatte es diese etwas „propere Bohnenstange", wie Jansen die fremde Frau charakterisierte, mitgebracht. Ob die beiden miteinander gesprochen hatten, daran konnte sich der alte Mann nicht erinnern. Er glaubte aber, daß es still war, als er vorbeilief und grüßte. Seiner Meinung nach hatte Frau Linders nur gedankt.
In der Wohnung fanden die Kriminalisten weder braune Papierschnur, noch einen Karton, auf den Herrn Jansens Beschreibung paßte, obwohl sie in der Küche ein Fach zum Aufbewahren von Strippen und Packpapier entdeckten. Außerhalb der Brandzone. Die Kriminalisten vermuteten, daß der Karton höchstwahrscheinlich im Wohnzimmer geblieben war und dort verbrannte. Obwohl man Jansens Hinweisen bei der Ermittlung besondere Beachtung schenkte, konnten keine Zusammenhänge zum Brand hergestellt werden. Hinzu kam, daß Jansens Auskünfte bei wiederholter Nachfrage von Tag zu Tag wirrer klangen. Letzten Dienstag mußte ihn der Notdienst ins Städtische Krankenhaus einliefern. Die Diagnose des behandelnden Arztes: Jansen habe sich wahrscheinlich seit jenem Freitag in einer Art Schock befunden, der Ursache und Auslöser seiner rechtsseitigen Lähmung wurde, fünf Tage nach dem Ereignis. Das Gutachten des befragten Arztes lag der Akte bei.

Karin Mikulka steht auf und geht mit dem Ordner zum Schreibmaschinentisch. Dort spannt sie mehrere Bogen Papier in die Maschine ein und beginnt den Abschlußbericht zu tippen.

Mittwoch, 26. September, 10 Uhr 15

Zaghaft klopft es an die Tür zu Leutnant Mikulkas Dienstzimmer. Erst ein drittes, etwas barsches „Herein!“ zeigt Wirkung. Vorsichtig wird die Klinke heruntergedrückt. Dann öffnet sich langsam die Tür. Auf der Schwelle steht eine Frau. Anfang Vierzig. In Trauerkleidung. Sie hält ihre Handtasche mit der linken Hand gegen die Brust gepreßt.
Karin Mikulka erhebt sich rasch und geht dieser Ängstlichkeit ein Stück entgegen. Nach nochmaliger, jetzt wieder freundlicher Aufforderung, gelingt es, die Frau zu bewegen hereinzukommen. Sie ist mittelgroß und leicht untersetzt. Das schwarze Kostüm unterstreicht deutlich den rötlichen Schimmer am Hals und im runden Gesicht. Sie setzt sich auf die Stuhlkante des ihr zugewiesenen Platzes vor dem Schreibtisch und streckt Karin den Passierschein hin, als würde der ihr Hier-Sein ausreichend erklären. Karin Mikulka lehnt sich gegen ihren Schreibtisch und liest: Lisa Findeisen. Wohnhaft in Weimar, Kleine Gasse 3.
Sie sieht die andere fragend an. Dann prüft sie noch einmal das Geschriebene und entdeckt ihre Zimmernummer am unteren Zettelrand und die Unterschrift vom heutigen Diensthabenden im Kriminaldienst. Um sich Klarheit zu verschaffen, ruft Karin dort an. Vom Diensthabenden erfährt sie, daß der Einlaßposten Frau Findeisen vorschriftsgemäß zum Kriminaldienst brachte. Sie wollte eine Anzeige erstatten.
„Ja und?“ fragt Karin Mikulka ungeduldig. „Warum schickst du die Frau zu mir?“ Sie weiß, alle Anzeigen, Verlustmeldungen und Beschwerden von Bürgern werden vom

K-Dienst entgegengenommen. Es ist ein öffentlicher Anlaufpunkt, in dem eine Gruppe von Kriminalisten rund um die Uhr arbeitet, außerdem zu jedem Tatort fährt und erste Ermittlungen anstellt, bevor Spezialkräfte eintreffen. Der Diensthabende erklärt der Kriminalistin den Grund für die notwendige Umverteilung: Als Lisa Findeisen den Vorraum im Parterre betrat, warteten dort bereits sieben Leute auf Abfertigung. Beide Einsatzgruppen waren unterwegs.

Karin Mikulka legt den Hörer auf und wendet sich Lisa Findeisen zu. Einige freundlich belanglose Worte geben der Frau die nötige Sicherheit. Stockend beginnt sie zu erzählen: „Meine Mutter heißt Elli Krause. Sie ist am siebzehnten August verstorben. Es kam ganz unerwartet. Kommenden Donnerstag, vierzehn Uhr ist die Urnenbeisetzung auf dem Südfriedhof. Vati ist im Krieg geblieben. Ich bin die einzige Tochter."

Die Frau holt aus ihrer Handtasche das handgeschriebene Testament der Mutter hervor und legt es auf den Schreibtisch. „Ich bin Alleinerbe", sagt sie, während sie ein abgegriffenes Sparbuch und einen zusammengefalteten Zettel hervorkramt und beides daneben legt.

„Da hat jemand vierzehntausend Mark abgehoben!" sagt Frau Findeisen. „Mutti kann das nicht gewesen sein, sonst hätten wir das Geld finden müssen beim Auflösen der Wohnung in den letzten Tagen. Gekauft hat sie sich auch nichts, es wäre uns aufgefallen. Mein Mann sagt, ich sollte das anzeigen, schließlich waren bis vor einem Viertel Jahr noch einundzwanzigtausend Mark auf dem Konto."

Frau Findeisen deutet auf den zusammengefalteten Zettel. „Der lag im Sparbuch. Zwischen den letzten beiden Seiten. Mein Mann hat ihn entdeckt."

Karin Mikulka faltet das Blatt Papier auseinander. Der Größe nach könnte es aus einem Notizblock stammen. Sie überfliegt den Zettel. Es handelt sich um einen Schuldschein über 14000 Mark. Die Unterschrift ist unleserlich. Nichts weiter als ein gerader Strich und eine durchgezogene Links-

schleife, die in einer langen Linie ausläuft.
„Haben Sie einen Verdacht?" erkundigt sich Karin Mikulka.
Frau Findeisen verneint. Mit gesenktem Kopf erklärt sie fast flüsternd: „Ich habe Mutti im letzten Jahr nicht besucht. Es kam immer wieder etwas dazwischen." Nach diesem Geständnis beginnt die Frau zu weinen.
Außer freundlicher Aufmerksamkeit sind Karin Mikulka keine weiteren Reaktionen anzumerken. Sie wartet, bis sich Frau Findeisen beruhigt hat. Die wirft ihr einen dankbaren Blick zu. Sie hatte mit Vorwürfen gerechnet und deshalb tagelang gezögert vor dem Gang zur Kriminalpolizei.
„Schade, daß die Wohnung Ihrer Mutter bereits leergeräumt ist", setzt Karin das Gespräch betont sachlich fort. „Damit entfällt für uns die Möglichkeit, nach Fingerspuren oder anderen Anhaltspunkten zu suchen. Aber vielleicht klärt sich auch alles ganz harmlos. Sich Geld gegen einen Schuldschein zu borgen, ist nicht strafbar. Immerhin wäre denkbar, daß es sich um eine gute Bekannte handelt. Sie kann verreist sein oder im Krankenhaus liegen. Dann wüßte sie nichts vom Tod ihrer Mutter, und es gäbe keinen Grund, sich bei Ihnen zu melden."
„Das glaube ich nicht!" widerspricht Frau Findeisen. „Mutti war Buchhalterin. Sie war die Genauigkeit in Person. Ich verstehe nicht, warum sie sich mit einem so mangelhaften Beleg zufrieden gegeben hat. Das ist doch glatter Betrug!"
„Können Sie Näheres über die Todesursache sagen?" erkundigt sich die Kriminalistin, eigentlich mehr, um die Redewilligkeit der Frau nicht verebben zu lassen.
„Es war Herzschlag", sagt Frau Findeisen. In zwei Monaten wäre sie sechsundsiebzig geworden. Das wollten wir groß feiern." Sie zuckt die Schultern, schluckt zwei, drei Mal, setzt zum Reden an und schweigt dann doch.
Karin Mikulka hatte das Schwanken registriert. Da schien es etwas zu geben, worüber noch nicht gesprochen worden war. Man konnte es der Frau ansehen.
„Sagen Sie mir, woran Sie gerade denken", ermuntert Karin

Frau Findeisen. „Wenn es nicht zum Fall gehört, vergesse ich es gleich wieder."
Die Frau zögert kurz, entschließt sich dann aber zu reden. „Mutti hatte eine Freundin", sagt sie. „Sie sind zusammen zur Schule gegangen. Ihr Name ist Marga Heyse. Sie wohnt nur zwei Häuser von Mutti entfernt und ist meine Patentante. Als ich ihr von Muttis Tod erzählte, erklärte sie mir, daß Mutti in letzter Zeit ziemlich schrullig gewesen sei. Ihrer Nachbarin, Frau Spormann, soll Mutti zugeflüstert haben, daß es in ihrer Wohnung spukt und daß sie sich fürchtet."
Frau Findeisen schüttelt den Kopf. „Das ist völlig untypisch", sagt sie. „Vor einem Jahr jedenfalls war sie noch gut beieinander. Aber vielleicht hat es auch gar nichts zu bedeuten."
Karin hatte aufmerksam zugehört. Sie verspricht, bei den Ermittlungen, soweit es zum Vorgang gehört, darauf einzugehen. Danach stellt sie noch einige Fragen zum Bekanntenkreis der alten Frau und notiert sich das Wesentliche. Dann tippt sie die Anzeige, auf der Lisa Findeisen besteht, in die Maschine. Nachdem die Frau die Anzeige gelesen und unterschrieben hat, entläßt Karin Mikulka sie mit der Versicherung: „Über das Ergebnis der Untersuchungen werden Sie schriftlich informiert."
„Wir können also morgen nach Hause fahren?"
Karin Mikulka lächelt. „Natürlich", sagt sie. „Es wäre doch schlimm, wenn Sie bis zum Ende unserer Ermittlungen in der Stadt ausharren müßten."
Nachdem Frau Findeisen den Raum verlassen hat, sitzt die Kriminalistin bewegungslos am Schreibtisch und überlegt, ob sie alles Notwendige erfragt hat. Schließlich würde das ihr erster Fall sein im neuen Kreisamt. Da wollte sie sich nicht blamieren. Sie überfliegt die Anzeige noch einmal. Die scheint vollständig.
An dieser Stelle wird Karin Mikulka aus ihrer Arbeit gerissen. Da stürmt ohne Anklopfen der Leiter der Kriminalpolizei, Major Kunze, ins Zimmer; ein großer, stämmiger Mann mit auffallendem Kugelkopf. Ungehalten über die Störung

zieht Karin Mikulka respektlos die Augenbrauen zusammen. Doch darauf zu achten hat der Major jetzt keine Zeit. Er bleibt in der Mitte des Raumes stehen und dreht sich betont langsam einmal um seine eigene Achse. Wortlos starrt er dabei auf die Wände.

Ohne dem größere Bedeutung beizumessen, erstattet Karin Mikulka knapp Meldung über die soeben aufgenommene Anzeige. Doch vorerst ist der Major nicht gewillt zuzuhören.

„So wollen Sie hier ernsthaft arbeiten?"

Er deutet mit einer Handbewegung über Landschaftsplakate und Bilder an den Wänden.

Karin Mikulka reckt sich steif auf. Ihr Gesicht bekommt etwas Maskenhaftes. In solchen Augenblicken sieht sie sehr überheblich aus. Dabei ist alles nur hilflose Abwehr. Sie haßt sich in diesem Zustand, da der Kopf plötzlich wie vernagelt ist, und die Stimme verdächtig spröde klingt. Sie sieht den Major herausfordernd an.

Kunze hat ihr Einfrieren registriert. Er ärgert sich. Da ist er wie ein Anfänger mit der Tür ins Haus gefallen. Und so schlimm, wie der Buschfunk über das Zimmer gewitzelt hatte, ist es bei weitem nicht. Ein bißchen ungewöhnlich, zugegeben. Aber Marotten hatten viele seiner Kriminalisten.

„Ihnen hat man wohl auf der Schule überhaupt nichts beigebracht", raunzt er über seinen verpatzten Auftritt hinweg. „Bei so viel Firlefanz an den Wänden, wie wollen Sie da eine vernünftige Vernehmung führen. Das lenkt die Befragten unnötig ab."

„Wer was ausgefressen hat, wird auch auf den Landschaftsbildern kein Versteck für sich finden", entgegnet Karin Mikulka scheinbar gelassen.

„Ach was! Hier geht es um erprobte Erkenntnisse. Die lassen Sie einfach außer acht. Klare Tisch-Stuhl-Wand-Beziehungen zeichnen gute Vernehmungszimmer aus!"

Karin Mikulka nickt. Sie hat sich wieder unter Kontrolle. Überrascht bricht Kunze seine Rede ab. Doch da schlägt ihm Karin Mikulka bereits vor, sich nicht unnütz zu streiten. Danach erklärt sie ihren Standpunkt: „Ich bin für Arbeits-

plätze mit Gesichtern. Ganz eigen. Und unverwechselbar", sagt sie. „Dabei ist der Zimmerrahmen für mich die Brücke für das Gelingen einer Vernehmung. Das ist *meine* Erkenntnis aus den letzten Jahren. Ich weiß sehr gut, daß ich den Beweis hierfür in den nächsten Wochen und Monaten erbringen muß. Geben Sie mir die Zeit."
Schweigend beginnt der Major im Zimmer umherzugehen. Bis zu einer gemeinsamen Sprache wird noch ein weiter Weg sein, schätzt er. Mit einem Ruck bleibt er stehen, zieht sich einen Stuhl neben den Schreibtisch und setzt sich.
„Was war mit der Anzeige Krause? Zeigen Sie mal her." Die Kriminalistin schiebt ihm den schmalen Aktenordner hin. Während der Major die Schreibmaschinenseiten überfliegt, sagt sie nachdenklich: „Zwei tote alte Frauen in einer knappen Woche sind ein bißchen viel für meinen Geschmack."
Der Major sieht kurz hoch und runzelt die Augenbrauen. Danach liest er jedoch weiter, ohne etwas zu erwidern.
„Merkwürdig ist, daß die Branduntersuchungskommission bei Anna Linders weder Bargeld noch Sparbuch gefunden hat", murmelt sie halblaut. „So was ist unüblich. Selbst wenn es geborgt wäre, aber Geld muß immer im Haus sein. Zumindest ein Notgroschen!"
Kunze legt die Anzeige auf den Tisch zurück. Er sieht die Mitarbeiterin an. „Der Metallbügel der Handtasche wurde in der Asche des Bettes gefunden. Etwa in Höhe des Kopfkissens. Darüber gibt es ein Protokoll in der Akte. Vermutlich bewahrte Anna Linders ihre Wertsachen in der Handtasche auf. Sonst fehlte der Sinn dafür, mit der Tasche zu schlafen.
Ich kann Ihre Bedenken nicht teilen. Was hat der Unfalltod der einen Frau mit dem natürlichen Tod durch Herzversagen bei der anderen zu tun. Es ist Zufall, daß beide Sachverhalte auf Ihrem Tisch gelandet sind."
Da Karin schweigt, fügt er nach kurzer Pause mit kaum merklichem Lächeln hinzu: „Keine Angst, so bald werden wir nicht arbeitslos sein."
Die Kriminalistin nickt. Was der Major sagt, klingt logisch.

Natürlich, die beiden alten Frauen hatten wirklich nichts miteinander zu tun. Woher also diese Unruhe, grübelt sie. Das muß mit den vorläufig eingestellten Vorgängen zusammenhängen, die ich in der Ablage gelesen habe. Da ging es auch um alte Frauen. Das wird es sein! Sie entschließt sich, es nachzuprüfen. Hildegard Pausenschmidt würde ohnehin auf einen Anruf von ihr warten. Die fast Sechzigjährige hatte das „Küken" ins Herz geschlossen. Karin lächelt bei dem Gedanken. Ohne Hildegard wären die drei Wochen bestimmt langweilig geworden. Doch sie verblüffte Karin immer wieder mit Detailwissen zu einzelnen Akten, mit Dingen, die Jahre zurücklagen. Und Karin hatte dieses Wissen gehörig ausgebeutet und sich dafür willig von der anderen bemuttern lassen. Am Ende der drei Wochen gab sie sogar zu, wenn auch mit leicht spöttischem Unterton, daß ihr das bißchen Nestwärme gut tat und ihr das Einleben in der fremden Stadt erleichtert hatte.
Der Major holt Karin in die Wirklichkeit zurück. Er bewilligt für die Anzeige von Elli Krause Ermittlungszeit bis Freitagnachmittag und erwartet dafür einen ausführlichen Bericht.
Als sich die Tür hinter Kunze geschlossen hat, greift die Kriminalistin zum Telefonhörer und wählt die Nummer der Ablage. „Du, Hilde, tu mir mal einen Gefallen", bittet sie.
„Such mal die Akte Anna Linders heraus, die ich dir Montagabend vorbeigebracht habe. Ich brauche den Namen des Arztes, der den Rentner Jansen behandelt, und die Station, auf der er liegt. Am günstigsten blätterst du die Akte von hinten durch. Es müßte im letzten Drittel sein."
„Komm gefälligst her, wenn du so aufwendige Wünsche hast", brummt es aus dem Hörer. „Das Telefon darf nicht so lange blockiert sein."
„Hildchen, mir zuliebe", bettelt Karin. „Sonst muß ich erst die drei Treppen herunter und zu euch hochsteigen. Ich spendiere bei Gelegenheit ein Stück Torte."
Auch ohne Karins Lockangebot hätte die andere den Ordner herausgesucht. Während die Kriminalistin auf die Auskunft wartet, klopft sie unruhig mit dem Bleistift auf die Tisch-

platte. Sie fragt sich, ob ein erneuter Besuch bei Herrn Jansen nicht nur vertane Zeit wäre.
Hildegard Pausenschmidt ist wieder am anderen Ende vom Telefon und diktiert: „Doktor Forster. Station römisch zwei E, Männer."
„Bist ein Schatz", lobt Karin und hängt ein.
Minutenlang sitzt sie still und nagt an der Unterlippe. Sie sucht in sich nach einer verlorengegangenen Information. Überdeutlich spürt sie, daß es etwas zum Fall Gehöriges gab. Sie kann es nicht packen.

Mittwoch, 26. September, 13 Uhr 05

Nach dem Mittagessen sucht Karin Mikulka Elli Krauses ehemalige Schulfreundin in deren Wohnung im Stadtzentrum auf. Dort sitzt sie Marga Heyse auf einem karminroten Plüschsofa mit steifer Rückenlehne gegenüber und lauscht geduldig dem Wortschwall der alten Frau. Abreden lassen nennt sie das. Es ist eine Methode von ihr, schneller in unbekanntem Milieu heimisch zu werden. Nebenher bleibt der Kriminalistin Raum für Beobachtungen wie diese:
Marga Heyse thront zwischen den beiden Wohnzimmerfenstern in einem mächtigen, holzgeschnitzten Lehnstuhl, das Licht im Rücken. Obwohl zwei von ihrer Körpergröße in dem weichen, mit dunkelbraunem Leder bezogenen Stuhl Platz finden würden, erkennt Karin unschwer, daß es ihr angestammtes Sitzmöbel ist. Quicklebendig rutscht sie beim Reden auf dem Polster hin und her. Die Hände sind beständig mit dem Holz der Lehnen beschäftigt oder unterstreichen gestenreich ihre Worte.
Karin Mikulka sieht sich diskret im Zimmer um. Gediegene Möbel aus den zwanziger Jahren stehen in ulkigem Kontrast zu Fotos und Zeitungsbildern, die mit Reißzwecken an die Wände geheftet sind. Jedes auf eine andere Weise schief und

zum Teil stark vergilbt. Die Freiflächen sind mit grellbunten Theaterplakaten aufgefüllt. Marga Heyse war Ballettänzerin. Fast alle Bilder zeigen sie beim Spitzentanz oder in anderen Ballettposen. Die Kriminalistin sucht nach Ähnlichkeiten zwischen dem grazilen, federleichten Wesen an den Wänden und der alten Frau vor ihr im Lehnstuhl mit Strickweste und langer Hose. Es fällt ihr schwer.
Frau Heyse erzählt offen und ungekünstelt von ihrer Freundschaft zu Elli Krause. In der Schule teilte sie mit Elli die vorderste Schulbank in der Fensterreihe. Auf diesen Plätzen saßen sie all die Jahre über, auch wenn die Klassenzimmer wechselten. Das lag an Margas sehschwachen Augen.
„Ellis Eltern waren sehr streng", erinnert sich Frau Heyse lebhaft. „Sie hatten einen kleinen Kolonialwarenladen, und Elli mußte da fest umgrenzte Pflichten erfüllen; nur selten ließ ihr der Vater eine Nachlässigkeit durchgehen. Sie sollte das Geschäft einmal übernehmen. Deshalb erlernte sie auch den Beruf eines Buchhalters, obwohl sie dazu wenig Lust verspürte." Die alte Frau schüttelt lächelnd den Kopf. Dann erklärt sie der Kriminalistin: „Elli war eine Traumsuse. Da schien Hopfen und Malz verloren. Die Arbeit ging ihr nur langsam von der Hand. Wenn es meine Ballettproben erlaubten, faßte ich mit zu. Meistens jedoch half ihr Charlotte bei den zu erledigenden Botengängen. Charlotte war ein Mädchen aus unserer Klasse. Seit dem vierten Schuljahr waren wir ein unzertrennliches Kleeblatt. Ohne unsere solidarische Hilfe wäre Ellis Freizeit oft sehr knapp bemessen gewesen", sagte Marga Heyse heiter. „Aber sie konnte sich auf uns verlassen. Außerdem platzte bei Elli dann doch noch der Knoten, und sie wurde eine tüchtige Geschäftsfrau. Das war, als sie in die große Tischlerei einheiratete."
Karin Mikulka hatte nicht mit einem vollständigen Lebensbericht gerechnet. Während des Zuhörens entstand in ihr die Hoffnung, daß die alte Frau auch über den Verbleib von Elli Krauses Geld informiert war. Doch sie wollte das Ende des Berichtes abwarten, bevor sie ihre notwendigen Fragen stellen würde.

„In den dreißiger Jahren lockerte sich der Kontakt zu Elli", erzählt Marga Heyse. „Wir sahen uns seltener. Elli kümmerte sich verstärkt um ihre Familie und die Tischlerei. Ich war ständig auf Tournee. Als Lisa geboren wurde, machte mich Elli zur Patentante."
Marga Heyse schweigt eine Weile. Sie sieht nachdenklich vor sich hin. Fast zögernd fallen die nächsten Sätze. „Der Krieg ließ uns wieder näher zusammenrücken. Neunzehnhundertdreiundvierzig brannte Ellis Haus mit der Tischlerei bis auf die Grundmauern nieder. Wenig später wurde Charlotte ausgebombt. Sie lag zwei Tage im Keller verschüttet. Elli und ich haben sie buchstäblich mit den Händen freigebuddelt. Da hockten wir Weiber wieder auf einem Fleck beieinander."
Marga Heyses Finger bewegen sich lautlos auf dem blankgewetzten Holz der Stuhllehne. Die hochgeschwemmten Erinnerungen an die Kriegsjahre erregen sie.
„Ende sechsundvierzig kam mein Bruder Gustav aus Gefangenschaft", redet Marga Heyse weiter. „Er besorgte Elli zwei Häuser entfernt eine leerstehende Dachwohnung. Gemeinsam brachten wir die Zimmer in Ordnung, und bereits vier Wochen später zog Elli mit Lisa um. Kurz darauf bekam sie eine Stelle als Buchhalterin im Sägewerk. Dort blieb sie bis zur Rente. Mußte sie auch, denn ihr Rudolf war in Rußland vermißt."
Marga Heyse wippt sich spontan aus ihrem Lehnstuhl. „Genug geschwatzt", sagt sie resolut. „Jetzt hole ich uns eine Kanne eisgekühlten Kakao aus der Küche. Dann sind Sie an der Reihe."
Kurz darauf steht vor beiden ein Glas mit Kakao, und Karin kann sich endlich nach dem letzten halben Jahr vor Elli Krauses Tod erkundigen. Marga Heyse zuckt bedauernd die Schultern. „Elli war in letzter Zeit sehr schrullig", erzählt sie. „Am liebsten saß sie allein in der Wohnung. Keine Besucher mehr und kein gar nichts. Lärm durfte auch nicht sein, den vertrugen angeblich ihre angegriffenen Nerven nicht." Die alte Frau winkt ab. „Mir war das auf Dauer

zu langweilig“, gesteht sie der Kriminalistin. „Trübsal konnte ich auch allein blasen. Dazu brauchte ich Elli nicht. Also schränkte ich meine Besuche auf ein Minimum ein. Sie hätte ja auch mal zu mir kommen können“, fügt sie fast trotzig hinzu. „Aber so war es schon früher. Immer mußte ich mich auf den Weg machen.“
„Und das mit der Spukgeschichte?“ erkundigt sich die Kriminalistin. „Ist da was dran?“
„Kann sein, kann nicht sein“, antwortet Marga Heyse unbestimmt. „Die olle Spormann, das ist die Nachbarin, die unter Elli wohnt, quatscht so viel, wie der Tag lang ist. Aber möglich wäre es schon, daß sich Elli was eingebildet hatte. Wenn man so viel allein hockt wie sie, kann man es leicht im Kopf kriegen. Außerdem war Elli schon immer ein Hasenfuß.“
Die Kriminalistin schiebt Marga Heyse den Schuldschein über den Tisch. „Können sie damit etwas anfangen?“
Marga Heyse ist verblüfft. „Was, so viel Geld hatte sie? Ich Dummkopf habe jedesmal Kaffee und Kuchen mitgenommen. Aber so ist das, den Seinen gibt es der Herrgott im Schlaf.“ Dann besieht sie sich den Schuldschein näher. „Kein Datum. Keine Adresse“, sagt sie verwundert. „Daß sich Elli so einen Wisch hatte andrehen lassen. Sie war doch immer so genau.“
Karin Mikulka nickt enttäuscht. Von der Genauigkeit Elli Krauses hatte sie bereits gehört. Leider brachte sie das nicht weiter. „Diese Schulfreundin Charlotte, kennen Sie ihre Anschrift? Vielleicht weiß sie etwas.“
Marga Heyse lacht. „Charlotte kommt immer aus dem Mustopf“, erklärt sie der Kriminalistin. „Den Weg zu meiner Schwägerin können Sie sich sparen.“
„Schwägerin?“
Die alte Frau lächelt. „Ich erzählte Ihnen doch, daß wir die letzten Kriegsjahre zusammenlebten, bis mein Bruder Gustav kam. Er baute sich im Parterre die Gastwirtschaftswohnung aus. Danach holte er Charlotte.“
„Halten Sie es für möglich, daß sich Elli Krause vor Ihnen

zurückzog, weil sie eine neue Bekanntschaft schloß?" fragte Karin Mikulka gespannt.
„Glaube ich nicht."
„Es muß aber jemanden gegeben haben. Der Schuldschein über vierzehntausend Mark beweist das."
Marga Heyse zuckt ein zweites Mal bedauernd die Schultern. Sie kann in diesem Punkt nicht weiterhelfen. Trotzdem bleibt Karin Mikulka noch sitzen und läßt sich vollstopfen mit Theaterklatsch und Anekdoten. Der Ermittlungsauftrag tritt für Momente in den Hintergrund. Am Ende ihres Besuches hat sie ein ziemlich genaues Bild von der immer ängstlichen Elli Krause und von ihrer Tochter Lisa, die einen Theatergeiger heiratete und wegzog aus der Stadt zum großen Kummer der Mutter. Die Besuche der Tochter fielen spärlich aus. Der Mann war ein ewig wochenendbeschäftigter Orchestermensch.

Mittwoch, 26. September, 18 Uhr 12

Im Städtischen Krankenhaus herrscht der übliche Abendrummel. Auf der Männerstation ist die Abendbrotzeit fast zu Ende. Zwei Schwestern beginnen das schmutzige Geschirr auf einem Wagen einzusammeln. Diensttuender Arzt ist Doktor Forster. Er sitzt in seinem Bereitschaftszimmer. Seine Erlaubnis für ein Fünf-Minuten-Gespräch mit Herrn Jansen gibt er nur sehr unwillig. Er ahnt nicht, daß die sicher auftretende Kriminalistin auf eigene Faust handelt. Er hätte ihr sonst die Einwilligung versagt. Jansens Zustand ist unverändert kritisch. Seit sieben Tagen liegt er mit ganzseitiger Lähmung auf der Station. Noch steht die zu erwartende Krise aus.
Der alte Mann ist in einem Zimmer, in dem vier Leute liegen, am Fenster untergebracht. Zielsicher geht Karin Mikulka auf sein Bett zu und legt den bunten Herbststrauß auf den glattgezogenen Bezug. Dann stellt sie sich vor. Über Jansens

eingefallenes Gesicht läuft ein Zucken. Er schließt voller Abwehr die Augen. Karin läßt ihm Zeit, sich auf das Gespräch einzustellen. Sie läuft zum Schwesternzimmer nach einer Vase. Wieder im Zimmer ordnet sie die Blumen ein und stellt sie auf den Nachtschrank. Dabei entgeht ihr nicht, daß Jansens Erregung zugenommen hat. Seine linke Hand bewegt sich unruhig auf der Bettdecke. Fast bereut die Kriminalistin ihr Kommen. Aber so ist ihr Beruf! Meistens kommt sie unpassend. Doch meistens setzt sie sich darüber hinweg. Nur manchmal bleibt ein Unwohlsein, wie in diesem Fall. Dann steht sie hilflos mit sich und fühlt deutlich, daß es bessere Berufe gibt und weiß doch zu genau, gleich wird sie zur Tagesordnung übergehen. Das einzige, was sie für Jansen tun kann, ist, sich kurz zu fassen.
Zuerst reagiert der Rentner überhaupt nicht. Er will nicht noch einmal darüber reden müssen. Erst als Karin Mikulka vorsichtig andeutet, daß auch ein Verbrechen denkbar wäre, öffnet Jansen die Augen und sieht sie aufmerksam an. Als er dann endlich zu sprechen beginnt, sind es mühsam zusammengesuchte Satzbrocken. Um ihm das Ganze zu erleichtern, vervollständigt Karin Mikulka laut seine angefangenen Sätze, sobald sie deren Sinn erfaßt hat. Dabei erfährt sie folgendes neue:
Anna Linders hatte etwa vier Wochen vor dem Brand 6 300 Mark von der Sparkasse abgehoben. Eines Abends zeigte sie Jansen das Geldbündel und erzählte ihm, daß sie ihre gesamte Barschaft im Bett unter ihrem Kopfkissen aufbewahre. Dort seien die Scheine vor Einbrechern am sichersten. Leider wußte Jansen nicht, wozu Anna Linders auf einmal all das Geld in ihrer Wohnung brauchte. Darüber hatten sie nicht gesprochen.
Fragen zu der rothaarigen Frau, die am Brandfreitag ein Päckchen abgab, brachten keine neuen Anhaltspunkte. Jansen sah sie eben nur von hinten, und nur an diesem einen frühen Nachmittag. Doch dann erinnert er sich, daß Anna Linders etwa ein halbes Jahr vor ihrem Tod in der angrenzenden Kaufhalle eine Frau Schumann kennenlernte. Aus dem an-

fänglichen Schwatz vor dem Hochhaus oder in der Kaufhalle wurden mit der Zeit ausgedehnte Kaffeebesuche in Anna Linders Wohnung. Die alte Frau hatte ihm des öfteren davon erzählt.
„Wie alt war denn Frau Schumann“, erkundigt sich Karin Mikulka interessiert.
„Ich vermute, so Mitte Fünfzig.“
„Sind Sie der Frau persönlich begegnet?“
Jansen macht eine verneinende Handbewegung.
„Könnte die rothaarige Frau vor Anna Linders Wohnung Frau Schumann gewesen sein?“ fragt Karin gespannt.
Jansen wirkt müde. Er verneint. „Mittelgroß, schlank, schwarzhaarig, adrett gekleidet“, sagt er mit Pausen dazwischen.
„Hat Anna Linders Frau Schumann so beschrieben?“
Jansen bestätigt es. „Die vom Freitag war sehr groß, rothaarig, sie hinkte.“
„Sie denken, es war eine fremde Frau?“
Jansen lächelt schwach. „Anna bekam gern Besuch. Aber bei neuen Gesichtern war sie vorsichtig.“ Er schließt erschöpft die Augen.

Donnerstag, 27. September

Gleich nach dem Frührapport macht sich Karin Mikulka wieder in die Innenstadt auf. Heute zu Elli Krauses Nachbarin. Viel erwartet Karin vom Gespräch mit Luise Spormann nicht. Trotzdem nimmt sie die Reiseschreibmaschine mit, um bei Bedarf ein Protokoll fertigen zu können.
Luise Spormann bewohnt seit zwölf Jahren die Zwei-Zimmer-Wohnung direkt unter Elli Krause. Sie lebt allein, ist siebenundfünfzig, Frühinvalide. Einmal im Jahr muß sie dem Haus für längere Zeit den Rücken kehren. Dann fährt sie mehrere Wochen zur Kur und läßt ihr fortschreitendes Gichtleiden behandeln. Landläufig könnte man sie eine

neugierige Person nennen. Ihr ausgeprägtes Interesse gilt vor allem den Vorgängen im Haus und auf der Flurtreppe. Auch die Straße ist von ihrem Küchenfenster gut überschaubar. Daher reagiert sie auch vergrämt auf Karin Mikulkas Frage nach neueren Bekannten von Frau Krause.

„Ich habe die Neue nie richtig gesehen", erklärt sie. „Immer nur von hinten. Beim Weggehen. Wenn überhaupt. Sie hatte keine festen Besuchszeiten, kam sehr unregelmäßig. Mal drei, vier Tage hintereinander. Dann ein, zwei Wochen gar nicht. Wer sollte sich da zurechtfinden."

„Wann war das zum ersten Mal? Können Sie den Zeitraum eingrenzen?"

Die Nachbarin nickt. „Anfang April drangen ihre Schritte das erste Mal hart durch die Decke", sagt sie ohne Zögern. „Ich wußte sofort, das kann nur jemand Fremdes sein. Elli Krause lief viel behutsamer mit ihren Hauspantoffeln. Ich habe wochenlang am Küchenfenster auf der Lauer gelegen", gesteht sie freimütig. „Aber umsonst. Immer waren es die harten Schritte, die mir sagten, daß ich sie wieder einmal verpaßt hatte. Es war wie verhext."

„Hielt sich diese Frau lange bei Elli Krause auf?" erkundigt sich Karin interessiert.

„Sie haben zusammen Kaffee getrunken. Ich hörte den Wasserkessel pfeifen. Bis Anfang Juni kochte Elli Krause den Kaffee. Ihre leisen Trippelschritte klangen geschäftig zwischen den Räumen hin und her. Ich nehme an, sie trug Geschirr ins Wohnzimmer und Kuchen vielleicht. Ab Juni änderte sich das. Da gab es nur noch die harten Schritte in der Küche. Ich weiß das alles so genau", erklärt Frau Spormann, „weil ich bei mir dachte, schau einer an, die sind ja sehr vertraut miteinander geworden in der kurzen Zeit. Mir gegenüber tat sie immer so pingelig mit ihren Sachen. Ich wollte mal meine Schlafzimmergardinen auf ihrer Nähmaschine abändern. Sie fiel aus allen Wolken. Das gute Stück und so. Dabei stand die alter Singer seit Jahren ungenutzt zwischen ihren Wohnzimmerfenstern wegen der schlechten Augen.

Aber die Fremde durfte drauf nähen. War ja nicht zu überhören das Geratter." Luise Spormann zuckt die Schultern. „Da kann man nichts machen. Die Neue war eben was Besonderes."

Karin Mikulka packt ihre Schreibmaschine aus und stellt sie vor sich auf den Tisch. Sie würde über das Gesagte ein Protokoll fertigen, genau wie bei Marga Heyse und Herrn Jansen. Trotzdem bleibt sie skeptisch. Viel Konkretes gaben die Informationen nicht her. Eine namenlose Frau um die Fünfzig mit grauen Locken, normal groß. Hellbrauner Übergangsmantel, Schuhe mit gedrungenem Absatz und weitausgreifende Schritte, die sich rasch entfernten. Mehr bekam Frau Spormann nie zu Gesicht.

Dieses konsequente Nicht-gesehen-werden-Wollen bei der Ankunft im Haus war merkwürdig, überlegt Karin. Sicherlich verbarg sich dahinter eine bestimmte Absicht. Doch es würde schwer sein, das zu beweisen. Gut, daß sie vor ihrem Besuch bei Frau Spormann die Örtlichkeiten in Augenschein genommen hatte. So fällt es ihr jetzt leicht, den vermutlichen Weg der Unbekannten nachzuvollziehen. Es gab einen Weg durch die Kellergänge. Er führte zwei Häuser weiter auf den Hof hinaus und von dort in die angrenzende Nebenstraße. Beides war von der Nachbarin unmöglich einzusehen. Wenn ihre Version stimmte, mußte die Fremde im Haus auf Zehenspitzen die Treppe hinaufgeschlichen sein bis vor Elli Krauses Tür. Sonst hätte Luise Spormann die Frau wenigstens ein einziges Mal am Türspion erwischt. Denn ihre Neugier war hinter den harten Schritten her, die hätte sie unzweifelhaft herausgehört. Sie erkennt alle Leute im Haus am Gang. Auch Besucher, die häufiger kommen, kann sie zweifelsfrei zuordnen.

Mit dem Auskennen in der Wohnung über ihr hatte Frau Spormann keine Not. Besuch kam selten. Gelegentlich reiste Tochter Lisa mit den beiden Kindern und Mann an. Dann stand Findeisens grauer Trabant mit dem Kennzeichen des Bezirkes Erfurt vor der Haustür. Außer ihnen gab es noch die beiden Heyse-Frauen, Ellis Freundinnen. Marga Heyses

Schritt war leicht herauszuhören. Marga konnte nie lange still sitzen. Tak, tak, tak, klapperten ihre Hacken leichtfüßig durch alle Räume, kreuz und quer über Frau Spormanns Kopf hinweg, auch mal unterbrochen von kurzen Steppwirbeln, die alle Lampen in der darunterliegenden Wohnung zum Klirren brachten. Da half kein Beschweren. Marga Heyse ließ sich diese Unart nicht austreiben. Charlotte Heyse trug meist Porokreppsohlen. Es waren weiche Schritte, und die Decke vibrierte nur ganz leicht. Besonders, wenn die Schwägerinnen zusammen kamen, mußte sich Luise Spormann gehörig anstrengen, um Charlotte Heyse überhaupt wahrzunehmen. Aber im letzten Vierteljahr hatte sie oben nur die harten Tritte der Fremden gehört.
Die Kriminalistin ist zufrieden. Frau Spormann erweist sich als brauchbare Beobachterin. Behutsam und scheinbar nebenher stellt sie ihre entscheidende Frage. Nichts verrät dabei ihre innere Spannung. Nichts deutet darauf hin, daß Karin Mikulka diese Frage um und um gewendet hatte, um sie so lapidar als möglich daherkommen zu lassen.
„Hoffentlich war Frau Krause wenigstens an ihrem letzen Tag in Gesellschaft", sagt sie harmlos. „Allein sterben muß schrecklich sein."
Karin achtet genau auf die Reaktion. Frau Spormann scheint verunsichert. „Das mit Montagabend war eine komische Sache", sagt sie nachdenklich. „Von meinem Küchenfenster aus hatte ich beobachtet, wie die Fremde gegen halb acht das Haus verließ und sich wie immer eilig entfernte. Ich war ganz überrascht. Den Schritten nach hatte ich Charlotte Heyse vermutet, wenngleich die immer nachmittags kam ..." Luise Spormann sieht hilfesuchend zur Kriminalistin, als könnte sie Antwort auf die Wunderlichkeiten geben. „Es ist das erste Mal, daß ich mich geirrt habe", sagt sie, und es klingt wie eine Entschuldigung.
„Haben Sie die alte Frau nach dem Weggehen der Fremden noch einmal gehört?" fragt Karin gespannt.
Frau Spormann erteilt bereitwillig Auskunft. „Sie ist kurz darauf ins Bett gegangen", sagt sie. „Ihre Bettfedern

quietschen beim Hineinlegen."
Karin Mikulka nickt. Laut Totenschein war Elli Krause gegen Mitternacht verstorben. Die fremde Frau war also der einzige Besucher an diesem Tag gewesen. Aber warum hatte sich Luise Spormann geirrt? Was sollte an diesem Montagabend verborgen bleiben? Was war in der oberen Wohnung passiert? Oder sah sie jetzt selbst schon Gespenster? Natürlich funktionierte auch eine harmlose Erklärung: Die unbekannte Frau konnte müde gewesen sein. Vielleicht eine wundgescheuerte Ferse. Elli Krause hatte sicher ein zweites Paar Hausschuhe zum Hineinschlüpfen, überlegt Karin. Nachdenklich spannt sie ein leeres Blatt in die Schreibmaschine und beginnt die Zeugenaussage zu protokollieren. Plötzlich fragt sie unvermittelt streng: „Was haben Sie damit gemeint, daß es bei Elli Krause spukt?"
Frau Spormann verteidigt sich. „Ich habe mir das nicht ausgedacht", sagt sie heftig. „Das ist Ellis Erfindung." Sie überlegt einen Augenblick, erzählt dann: „Es muß Anfang August gewesen sein, als die Tage so naßkalt waren. Ich traf Frau Krause auf der Treppe. Sie war ganz merkwürdig. Ihr Gesicht war eingefallen und blaß. Ich bekam einen ordentlichen Schreck, dachte, es sei wunder was passiert, so verstört wie sie vor mir stand. Aber sie flüsterte mir nur zu, daß es oben so unheimlich sei. Na, da wußte ich ja Bescheid. Ich schlug ihr dann trotzdem vor, gemeinsam in ihrer Wohnung nachzusehen. Aber sie winkte zerfahren ab, als wenn sie überhaupt nicht zugehört hätte und ging die Treppe hinunter auf die Straße. Ich bin kurz darauf einkaufen gegangen, da saß sie an der Ecke auf einer Bank und redete vor sich hin."
„Was bedeutet das, unheimlich?" hakt Karin Mikulka nach. Doch Luise Spormann tippt sich kurz gegen die Stirn und erklärt nachsichtig: „Sie war zu viel allein. Das ist alles." Zögernd fügt sie nach einer längeren Pause hinzu: „Das Türknallen in den letzten Wochen war allerdings merkwürdig. So etwas gab es früher nie. Natürlich stellte ich Frau Krause zur Rede. Zuerst stritt sie es energisch ab, wollte nicht einmal

etwas gehört haben. Später gab sie es dann zu. Sie wollte mir einreden, daß sich die Türen allein, ohne ihr Zutun bewegten. Da war sie bei mir aber an der falschen Adresse. Ich sagte ihr gehörig meine Meinung. Trotzdem beteuerte sie immer wieder, daß sie nichts dafür könne." Frau Spormann tippt sich erneut gegen die Stirn.
„Wissen Sie, ob jemand einen Zweitschlüssel für die Wohnung besaß?"
„Den Ersatzschlüssel hatte sie vor anderthalb Jahren in einem der Zimmer verschusselt und nicht wiedergefunden", erinnert sich Frau Spormann an ein Gespräch mit Elli Krause. „Den bekam bei Krankheit Marga Heyse, damit sie in die Wohnung konnte und sich kümmern."
Angenommen, die unbekannte Frau hatte in einer Ecke oder hinter einem Schrank das Schlüsselbund entdeckt und an sich genommen, versucht Karin eine Erklärung. Wozu zum Teufel brauchte sie es? Zu welchem Zweck mußte sie heimlich in diese Wohnung? Gab es einen Zusammenhang zwischen Türklappen und Geldverborgen, zwischen verlorenem Schlüsselbund und der Unsicherheit einer schreckhaften alten Frau?

Donnerstag, 27. September, 13 Uhr 05

Mißmutig stochert Karin Mikulka mit der Gabel in den Essenresten auf ihrem Teller. Mit Lungenhaschee konnte man sie jagen. Immer öfter sieht sie ungeduldig zur halboffenen Speiseraumtür. Wenn Hilde Pausenschmidt nicht bald aufkreuzte, würde sie mit Garantie zu spät dran sein und Elli Krauses Beerdigung verpassen. Und all das nur, weil sie Hilde die Bitte persönlich vortragen wollte, statt einfach anzurufen. Dabei scheint es, als habe sie die beiden Puzzles zu fassen bekommen, nach denen sie in der letzten Zeit so angestrengt gesucht hatte.

Es passierte nach dem Besuch bei Luise Spormann: Zuerst deponierte sie ihre Schreibmaschine in einem Schließfach auf dem Hauptbahnhof, danach lief sie planlos durch die Innenstadt. In großen und kleineren Kreisen näherte sie sich immer wieder den Einkaufspassagen mit den vielen Verkaufsläden, durchquerte die Gänge von verschiedenen Seiten und entfernte sich erneut. Dabei versuchte sie eine gewisse Ordnung in alle bisherigen Fakten zu bringen. Dies gelang ihr in Bewegung besser als am Schreibtisch. Doch ihr fehlten noch einige wichtige Details. Deshalb benutzte sie eine nahegelegene Telefonzelle und meldete sich beim Filialleiter der Sparkasse an. Eine Auskunftsgenehmigung hatte sie vorsorglich am Vortag vom Staatsanwalt eingeholt.
In der Bank bestätigten sich die Aussagen von Rentner Jansen. Anna Linders hatte am 17. August 6300 Mark abgehoben und nur einen Notgroschen in Höhe von dreihundert Mark auf ihrem Konto belassen. Das war genau vier Wochen vor dem Brandausbruch ... Langsam dämmerte der Kriminalistin ein neuer Zusammenhang auf. Sie reihte die bisherigen Erkenntnisse aneinander, suchte nach Gemeinsamkeiten zwischen den Fällen. Anna Linders und Elli Krause hatten beide in letzter Zeit Besuch erhalten von einer mittelgroßen Frau zwischen fünfzig und fünfundfünfzig mit schwarzen Haaren oder grauen Locken. Zwei alte Frauen hoben ihr Erspartes von den Bankkonten ab. Das Geld war weg. Bei Anna Linders verbrannt, bei Elli Krause verborgt. Karin Mikulka addiert beide Summen und errechnet die stattliche Höhe von 20300 Mark.
Noch aus dem Vorzimmer des Sparkassenleiters rief die Kriminalistin im Kreisamt bei der Branduntersuchungskommission an, kurz BUK genannt. Am anderen Ende der Leitung meldete sich die sachlich trockene Stimme von Schröder.
„Zur Brandsache Hochhaus. Weißt du, wer Anna Linders beerbt?" platzte Karin gespannt mit ihrer Frage heraus.
Schröder reagierte reserviert. Der Fall sei bereits bei den Akten. Doch Karin ließ sich nicht abhängen, drängte auf konkrete Auskunft.

„Soviel wir ermittelt haben, gibt es da niemand“, sagte er widerstrebend. „Wieso fragst du? Ist etwas nicht in Ordnung?“
„Rein persönliches Interesse. Schließlich mußte ich eure Restarbeit erledigen und den Abschlußbericht schreiben.“
Schröder lachte knapp auf. „Dich hat's also erwischt!“ Er wurde gleich etwas gesprächiger, erklärte, daß von ihnen niemand im Hause war. „Die gesamte BUK war übers Wochenende wegen des Scheunenbrandes über Land. Großeinsatz sozusagen.“
„Und?“ fragte Karin mehr höflichkeitshalber.
„Es waren Kinder aus dem angrenzenden Dorf. Sie hatten in der Scheune gekokelt. Als das Stroh Feuer fing, sind sie weggerannt, anstatt ...“
„In der Akte fehlte mir ein Hinweis über den Verbleib des Personalausweises.“
„Der PA blieb unauffindbar. Wahrscheinlich ist er mit der Handtasche zusammen im Bett verbrannt, oder er lag bei den Papieren im Schrank. Die Seite mit den Schubfächern brannte total aus. Da ließ sich nichts mehr machen im nachhinein.“
„Habt ihr denn größere Aschehäufchen von Papiergeld sicherstellen können? Ich meine, von mehreren Bündeln Scheinen“, fragte Karin möglichst harmlos.
„Wie stellst du dir das vor. Die Feuerwehr hat mit vollem Rohr auf den Brandherd draufgehalten. Außer dem Portemonnaie mit dem bißchen Kleingeld vom Küchentisch haben wir nichts gefunden.“ Schröder brach plötzlich ab, fragte mißtrauisch, ob sie ihn etwa ausholen wolle.
„Ich dachte, ich könnte mich vielleicht als Erbe melden, wenn's lohnt“, konterte Karin schnippisch und legte den Hörer auf.
Wegen des Sparkassenbesuches also und wegen des Anrufes bei Schröder sitzt Karin Mikulka nun immer noch im kahlen Speiseraum und läuft Gefahr, Elli Krauses Beerdigung zu verpassen. Doch da taucht die so dringlich Erwartete endlich auf.
„Mensch, Hilde, wo bleibst du denn“, empfängt die Krimi-

nalistin die andere mit leicht gereizter Stimme. „Seit zwanzig Minuten stochere ich mein Haschee klein. Ich denke, halb eins ist deine Essenzeit." Karin sieht auf ihre Armbanduhr. „Verdammt, ich müßte längst unterwegs sein!"

Hildegard Pausenschmidt setzt sich an den Tisch. „Schön, daß du auf mich gewartet hast", sagt sie und lächelt. „Kommt bei mir nicht mehr so häufig vor." Sie beginnt hastig zu essen. Schon mit Kauen beschäftigt, murmelt sie noch: „Bist mir schon ein Seelchen."

Doch Karin hat in ihrer Eile kein Ohr für so was. „Ich brauche morgen früh die Akten Herta Schröder und Gertrud Kraatz. Sonst komme ich nicht weiter. Ich habe die Vorgänge gelesen, als ich bei dir war. Das weiß ich genau. Du, Hilde, ich hole mir die Akten persönlich ab."

Die andere sieht kurz von ihrem Teller hoch, fragt mißtrauisch: „Deshalb hast du so lange auf mich gewartet?" Als Karin nicht antwortet, sagt sie in vertraulichem Ton: „Privatauftrag, oder was?"

Karin Mikulka nickt knapp. „Ich glaube, ich bin da einer ungeheuerlichen Sache auf die Spur gekommen", sagt sie dunkel. „Natürlich nur, wenn meine Überlegungen aufgehen. Sonst wird's ein Schuß in den Ofen."

„Kannst du nicht deutsch mit mir reden? Worum geht's denn eigentlich?"

„Mindestens Kapitalverbrechen", flüstert Karin geheimnisvoll und kneift ein Auge zu.

Hildegard Pausenschmidt winkt ab. Doch dann sagt sie versöhnlich: „Gib schon her. Ich erledige das bis morgen." Doch die Kriminalistin besitzt keine weiteren Daten. Überhaupt kann sie im Moment nur hoffen, daß ihr die richtigen Namen eingefallen sind.

„Du wirst doch wenigstens das Geburtsdatum wissen", sagt Hilde ungläubig. Karin hebt bedauernd die Schultern.

„Kannst du dir vorstellen, wie lange ich da suchen muß?"

Karin Mikulka sieht auf ihre Armbanduhr und erhebt sich abrupt.

„Versuch's trotzdem! Es ist wichtig. Bitte."

Gegen Mittag schlug plötzlich das Wetter um. Es ist nichts mehr von Sonne und später Sommerwärme zu spüren. In heftigen Böen fegt ein kalter Wind durch die Straßen. Tiefhängende Regenwolken jagen über den Himmel. Abgerissene Zweige und Blätter liegen umher. Als Karin aus der Eingangstür des Kreisamtes auf die Straße tritt, hört sie als erstes das bedrohliche Klappern der Dachziegel über ihr. Urplötzlich überkommt sie das ungute Gefühl, in einen anderen Tag geraten zu sein seit dem Vormittagsgespräch mit Luise Spormann. Fröstelnd zieht sie die Schultern hoch, knöpft die leichte Lederjacke zu und läuft eilig zur nahegelegenen Haltestelle. Vorsichtshalber hält sie sich dabei dicht an den Hauswänden. Wenn der Himmel gleich eine Straßenbahn schickt, komme ich nur ein ganz winziges bißchen zu spät, rechnet sie im Laufen aus.
Fast zur gleichen Zeit kämpft in einem anderen Stadtteil eine grauhaarige Frau in schwarzem Kostüm mit gesenktem Kopf gegen den aufkommenden Sturm an. Die Tannengrünspitzen vom Grabstrauß schleifen achtlos über den Bürgersteig. Ihr Gesicht wirkt düster und verkniffen. Sie hat weder Augen für herabfallende Äste noch für zersprungene Dachziegel auf ihrem Weg. In ihrer Eile benutzt sie die Mitte der Straße, als gäbe es ringsum keine Gefahr. Auch sie strebt einer Haltestelle der Linie 15 zu. Auch sie will zum Südfriedhof. Doch im Gegensatz zu der gelassen wirkenden Kriminalistin ist die etwa fünfzigjährige Frau verärgert über ihre Verspätung. Wieder und wieder kehren ihre Gedanken nach Hause zurück, zum Grund für ihre Verstimmung: Der Katze die Pfote verbinden! So eine Schikane, denkt die Frau erregt. Bloß damit ich nicht wegkomme. Dabei ist Mutter wirklich nicht so krank, daß sie es nicht selber schaffen könnte. Aber wenn Emilie auftaucht, stundenlang Karten spielen! Ja, da ist sie gesund. Oder wenn sie etwas an mir auszusetzen findet, da geht ihr die Puste nie aus. Jeden Tag das gleiche Theater. Ich halte das nicht mehr aus! Bei diesem Gedanken schießt ihr die Hitze bis

in die Haarwurzeln. Auf der Oberlippe bilden sich kleine Schweißperlen, die der Wind gleich wieder wegtrocknet. Sie reißt sich im Laufen die Jacke auf, ohne jedoch ihr scharfes Lauftempo zu mindern. Das Blut pulst stärker in ihren Schläfen, und der feine Kopfschmerz hinter der Stirn setzt ein.
Sich darüber aufzuregen ist purer Wahnsinn, weiß die Frau. Die Mutter versucht stets, ihr das Weggehen durch Extraarbeiten oder plötzliche Wünsche so schwierig wie möglich zu machen, es wenigstens ein kleines Stück hinauszuzögern. Die Frau weiß es so überdeutlich genau und kommt doch nicht dagegen an, sich immer wieder neu darüber zu ärgern. Ein Teufelskreis, seit die Mutter an die Wohnung gefesselt ist. Weshalb nur hatte sie so leichtfertig zugestimmt, ihre Arbeit nach Hause zu verlegen! Das war jetzt fünf Jahre her. Damals schwatzten alle auf sie ein. Die Mutter und der Arzt und Emilie. Besonders Emilie! Sicher, der Mutter ging es schlecht. Deshalb verfuhr der Betrieb sehr großzügig mit ihr. Fast über Nacht bekam sie eine Schreibmaschine samt Tisch in die Wohnung gestellt. Damit war die Entscheidung perfekt. Heimarbeit fürs Leben! Manchmal glaubte die Frau ganz fest, sie habe sich mit dem Verlangen der Mutter nach ständiger Umsorgung abgefunden.
Es war ein gefährlicher Irrtum! Natürlich braucht die Mutter ihre Medizin, wenn das mit dem Herzen losgeht und ihr die Ängste die Luft nehmen.
In letzter Zeit gab es Tage, da konnte die Frau es nicht mehr mitansehen. Immer dieser wehleidige Zug um den Mund der Mutter. Immer diese vorwurfsvolle Milde in ihren Augen. Das verfolgte die Frau bis in die Träume. Als Kind hatte sie mehrfach versucht, davor wegzulaufen. Aber das Gesicht der Mutter lief nebenher und nahm dem Kind allen Mut, und es kehrte um. Doch bei jeder Rückkehr in die Wohnung wuchs in ihr die Schuld an. Es war eine lautlose Schuld. Bedrükkend. Sie wußte nicht zu sagen, was es damit auf sich hatte. Heute, Jahre später, ist die Schuld immer noch lebendig. Neuerdings faßt der unausgesprochene Vorwurf der Mutter auch am Tag nach ihr. Beim Einkauf und überall. Es fällt

auf sie aus Hunderten von Straßengesichtern. Alles Muttergesichter! Das kann sie den fremden Frauen nicht verzeihen. Niemals!

Während Karin Mikulka bereits wartend unter der Glasüberdachung am Hauptbahnhof sitzt und in einem Romanheft liest, wird die grauhaarige Frau plötzlich von der zwanghaften Vorstellung getrieben, daß ihr die Straßenbahn unwiederbringlich davonfährt. Sie rennt die letzten hundert Meter bis zur Haltestelle Johannisplatz, obwohl keine Bahn in Sicht ist. Dort angekommen, läuft sie nervös auf und ab.

Die anderen Wartenden stehen in einem windgeschützten Torweg. Neugierig beobachten sie das sinnlose Hin und Her der schwarzgekleideten Frau und machen sich ihren Reim auf den im Dreck schleifenden Grabstrauß. Endlich fährt die 15 vor. Die Frau drängelt sich als erste in den Hänger und zum Entwerter. Ihre Hand fliegt beim Einfädeln des schmalen Fahrabschnittes. Unsanft schlägt sie gegen den Locher. Danach schiebt sie sich bis in die vordere Ecke des Wagens durch. Dort preßt sie die Stirn gegen das kühle Glas und schließt die Augen. Unruhig knüllen die Finger der rechten Hand den entwerteten Schein. Die linke mit dem Grabstrauß baumelt schlaff. Immer wieder öffnet sie die Augendeckel und überprüft, wie weit es noch ist. Die Straßenbahn scheint nur zu zuckeln.

Karin Mikulka fährt in der gleichen Bahn. Sie war zwei Haltestellen zuvor eingestiegen und liest bereits wieder in der Romanzeitschrift. Das Einsteigen der Frau hat sie nicht registriert. Beim Aussteigen – Haupteingang Südfriedhof – streift die Kriminalistin kurz die Rückansicht der Schwarzgekleideten, die sich im gleichen Augenblick umdreht. Für Momente treffen sich die Blicke und gleiten unbeteiligt voneinander weg. Karin Mikulka steigt aus und läuft auf das Eingangstor zu. Die Frau mit dem Grabstrauß fährt eine Haltestelle weiter und betritt durch einen Seiteneingang den Friedhof. Ihr erscheint es von dort näher zu ihrem Ziel.

Die Kriminalistin geht suchend durch die Gräberreihen.

Zum Glück hatte sie sich bei Marga Heyse nach der Lage der Grabstelle erkundigt, so daß sie schnell vorankommt. Dennoch ist die Trauergemeinde schon beim Erde werfen und Kondolieren, als Karin das offene Grab erreicht.
Zuerst entdeckt Karin Mikulka in Luise Spormann ein bekanntes Gesicht. Wenig später bemerkt sie auch Marga Heyse. Sie steht mit einer weißhaarigen Frau gleichen Alters etwas abseits. Karin sieht auf die flachen Schuhe mit den Porokreppsohlen und vermutet, das es Margas Schwägerin Charlotte Heyse ist. Langsam geht Karin auf die Gruppe zu und mischt sich möglichst unauffällig unter. Als sie dabei Lisa Findeisens unsicheren Blick auffängt, nickt sie ihr beruhigend zu. Luise Spormann ist das Auftauchen der Kriminalistin natürlich nicht entgangen. Neugierig kommt sie heran und begrüßt die junge Frau.
„Haben Sie unter den Trauergästen Fremde entdeckt?" fragt die Kriminalistin. Frau Spormann verneint. Es sind alles Bekannte und Verwandte, die Elli Krause die letzte Ehre erweisen. Nun tritt auch Marga Heyse mit der Schwägerin hinzu. Sie macht beide miteinander bekannt. Karin läßt sich die Namen der Anwesenden nennen.
Nach der Beerdigung geht Charlotte Heyse mit Lisa Findeisen vorneweg. Sie stützt die Jüngere, die heftig vor sich hin weint. „Wein dich nur richtig aus, Mädel", sagt sie tröstend. „Eine Mutter ist nicht zu ersetzen. Aber dann mußt du daran denken, daß deine Tochter dich braucht und dein Mann..."
Doch Lisa Findeisen kann nicht so schnell zur Tagesordnung übergehen. Wegen des versäumten Besuches zur rechten Zeit. Und auch, weil sie sich so wenig kümmern konnte, seit sie vor neun Jahren nach Weimar zog.
Dicht hinter den beiden läuft Robert Findeisen mit Tochter Monika und Marga Heyse. Sie widerspricht Lisas Selbstvorwürfen spontan: „Denkst du, Elli hat nicht gewußt, daß man bei zwei Autostunden Fahrt nicht alle naselang ankutschiert kommen kann", sagt sie heftig. Herr Findeisen ist mit der Meinung der Patentante sehr einverstanden. Er schickt einen dankbaren Blick. Hinter der Familie gehen die Leute aus

dem Haus und der Wohngegend. Karin Mikulka und Luise Spormann bilden den Schluß. Ein wenig bedrückt laufen alle dem Ausgang zu. Die Kriminalistin ist zufrieden. Was sie wissen wollte, hat sie durch Frau Spormann und Marga Heyse erfahren. Jeder kannte hier jeden!
In einem Seitenweg, den die Trauergäste passieren, wartet dic Frau in Schwarz aus der Straßenbahn. Sie hantiert an einem Grabhügel. Aus den Augenwinkeln mustert sie die Vorübergehenden, während ihre Hände unkontrolliert an den Grabblumen zupfen. Nachdem alle Leute an ihrem Seitenweg vorbei sind, erhebt sich die Frau und kommt auf den Hauptweg vor. Dort verharrt sie in sonderbar starrer Haltung. Sie fixiert die sich Entfernenden. Wieder beginnt der Kopfschmerz heftig zu bohren. Unwillkürlich faßt sie nach der Stirn. So steht sie eine geraume Weile, bewegungslos. Ihre Augen haben sich jetzt fest auf Marga Heyses Rücken geheftet. Tonlos flüstert sie: „Emilie!"
Bei dieser Beschwörungsformel verliert ihr Gesicht alle Rundheit. Es wirkt jetzt fast eckig. Aufstöhnend drückt sie Daumen und Zeigefinger neben der Nasenwurzel fester in die Augenhöhlen. Durch den Druckschmerz vermindert sich das Ohrensausen. Langsam setzen sich ihre Füße in Bewegung.
Die anderen Trauergäste haben unterdessen das Portal erreicht. Haus- und Straßenbewohner zerstreuen sich. Auch Karin Mikulka hat es eilig, ins Kreisamt zurückzukommen. Sie bemerkt nicht mehr, wie sich die Frau der Familiengruppe nähert. Ihre Augen sind jetzt leicht verengt. Ihr Kopfschmerz hat sich fast bis ins Unerträgliche gesteigert. Und das Ohrensausen. Und die Trockenheit im Mund. Die Frau vermutet eine Migräne. Trotz der Schmerzen rotiert es in ihrem Kopf wie ein Mühlrad: Elli Krause also war tot! Sie hatte ja die Zeitungsannonce selbst gelesen.

Freitag, 28. September, 9 Uhr 05

Major Kunze trommelt seine Ungeduld heftig auf die Schreibtischplatte. Laute, harte Holztöne, von derben Fingern geklopft. Gerade jetzt hatte er etwas Zeit für einige dringliche Briefe. Aber seine Sekretärin ist ausgeflogen. „Von wegen fünf Minuten", schnaubt er. „Frauen können nicht maßhalten!"

Vor geraumer Weile klapperte im Vorzimmer bereits der Tauchsieder im kochenden Wasser und schreckte ihn hoch. Um das Schlimmste zu verhüten, ging er hinüber und zog den Stecker. Nach weiteren 5 Minuten Wartezeit entschloß er sich, die Besprechung mit Leutnant Mikulka vorzuziehen. Aber auch sie hielt sich nicht in ihrem Zimmer auf. Im Sekretariat erfuhr er von ihrer Abmeldung ins Stadtzentrum.

Kunze legt den Telefonhörer zurück auf die Gabel, erhebt sich und stapft zum Fenster. Dort bleibt er zwei Schritt hinter der Gardine stehen und sieht suchend hinunter.

Das Zimmer im dritten Stock bietet einen guten Überblick über den rechteckigen, von Häusern des Kreisamtes umschlossenen Innenhof. Major Kunze mag diesen Polizeihof mit seiner Akkuratesse und rechtwinkligen Sauberkeit, mit den weißgestrichenen Bordsteinen, die den breiten Plattenweg säumen, der sich am Gebäudegeviert entlangzieht, mit dem Parkplatzdrittel und dem kurzgeschnittenen Rasen in der Hofmitte. Selbst den Diagonalweg, der quer durch die Rasenfläche auf die Betriebsverkaufsstelle zuläuft, mag er, wegen seiner zielstrebigen Kürze.

Kunzes Blick hängt sich an den fünf Eisenstufen fest, die zur Verkaufsstelle hinaufführen. Von seiner Sekretärin ist immer noch nichts zu sehen. Nervös wippt er sich auf die Schuhspitzen und zurück. Dieses Hinter-der-Gardine-Stehen ist ihm reichlich dumm. Doch wer läßt sich schon gern beim Müßigsein ertappen.

Da endlich kommt Frau Radtke aus dem Laden heraus. Kunze atmet erleichtert auf. Eilig klappert sie die Eisenstufen hinunter und hastet den Plattenweg entlang. Kunze

schüttelt den Kopf. Wozu jetzt noch die Eile, überlegt er und sieht auf seine Armbanduhr. Es ist 9 Uhr 21! Er schätzt, in spätestens einer knappen Stunde ist Block A leergefegt, der seine Kriminalisten behaust. Die Parkplätze der Kriminalpolizei sind bereits verwaist. Der Major weiß, selbst jene, die durch dringende Arbeiten in ihren Zimmern festgehalten sind, werden nach einer Möglichkeit suchen, dem Bau zu entrinnen, und sei es nur für eine halbe Stunde. Oft drängt sich Major Kunze an Tagen wie heute, wo schon der Morgen so sonnig warm ist, der Vergleich mit einem Bienenstock auf. Bei schönem Wetter schwärmen seine Leute durchs Kreisgebiet. Aber er erinnert sich auch an naßkalte Tage, an denen das Haus fast aus den Fugen krachte. Selbst die Unentwegtesten waren dann am Schreibtisch anzutreffen. Der Major weiß um den Unernst solcher Betrachtungen und hütet sich, sie laut werden zu lassen.
Im Haus gegenüber öffnet sich in diesem Augenblick die Durchgangstür einen Spalt breit. Verwundert beobachtet Kunze, wie sich Karin Mikulka gerade noch hindurchschlängeln kann, bevor die Tür wieder zufällt.
Zu faul, die Schwingtür richtig aufzustoßen, regt er sich beim bloßen Hinsehen auf. Dabei braucht sie wahrhaftig nicht viel Platz zum Durchschlüpfen.
Gespannt beobachtet er das kurze Zögern und dann ihr Einschwenken in den Diagonalweg. „Verdammte Verkaufsstelle", poltert er ungehalten. Also hat auch die Neue schon diese dumme Angewohnheit angenommen. Seit Jahren versucht er dagegen anzugehen. Ohne Erfolg. Jeder, der von draußen kommt, wirft als erstes einen schnellen Blick in die Verkaufsstelle. An den runden Stehtischen, zwischen belegten Brötchen und Milch, flüstern sich Neuigkeiten am besten. So ist man informiert, bevor man den ersten Schritt ins eigene Zimmer tut. Sicher sind auch die beiden jungen Verkäuferinnen nicht ganz schuldlos, überlegt Kunze. Jedenfalls bleibt der Laden nie leer. Auch heute hatte Major Kunze sehr wohl registriert, daß Karin Mikulka nicht die einzige war, die der Eisentreppe zustrebte. In unauffälligen Grüpp-

chen, meist zimmerweise oder einzeln, kurz hintereinander, eilten noch im Haus befindliche Kriminalisten geschäftig über den Hof und verschwanden dann blitzschnell hinter der Ladentür. Der Major reibt sich die Hände. Das wird ein Punkt der Arbeitsberatung vom Nachmittag werden.
Im Vorzimmer klappt die Tür. Das wird Frau Radtke sein, vermutet Major Kunze und will sich endlich vom Fenster wegdrehen. Doch er stockt erneut. „Unglaublich!“ flüstert er.
Frau Radtke erscheint in der Tür. „Ja, bitte?“
„Kommen Sie schnell. Die ist wohl verrückt!“ Sein Kugelkopf ruckt dichter zur Scheibe hin.
Die Sekretärin verharrt leicht irritiert auf der Türschwelle. Doch Major Kunze winkt sie unmißverständlich zu sich ans Fenster. Er deutet auf den Diagonalweg. Neugierig folgt Frau Radtke seinem Finger mit den Augen.
„Ach, du liebe Güte“, haucht sie erschrocken.
Karin Mikulka sitzt auf der einzigen Bank, mitten auf dem Innenhof, und verzehrt ihr Frühstücksbrötchen.
„Sofort wegholen!“ befiehlt der Major knapp. „Möglichst unauffällig.“
Frau Radtke stürzt aus dem Zimmer. Der Major fährt sich einige Male kräftig mit gespreizten Fingern durch die Igelfrisur und setzt sich verärgert an seinen Schreibtisch zurück. Das ist ihm in seiner dreiunddreißigjährigen Dienstzeit noch nicht untergekommen. Prächtiger Auftakt, denkt er und weiß natürlich wieder überdeutlich, warum er lieber einen männlichen Leutnant von der Schule übernommen hätte. Auf solche Schnapsideen wäre der sicher nicht gekommen. Leutnant Mikulka scheint keinen Instinkt zu besitzen. Er klatscht seine flache Hand derb auf die Holzplatte. Menschenskind, die Bank war doch mehr zur Verschönerung des Rasens da. Zugegeben, manchmal setzte sich ein Zivilist. Aber schon das passierte selten genug. Oder zur Ferienzeit Kinder, wenn sich der Ferienlager-Bus verspätet hatte. Aber jemand, der im Dienst ist! Kunze schüttelt bekümmert den Kopf.
„Wie hat sie’s aufgenommen?“ erkundigt er sich, als die Se-

kretärin Vollzug meldet. Frau Radtke sucht nach einer passenden Beschreibung. Vorsichtig sagt sie: „Sehr beeindruckt schien sie nicht. Sie hat nur leicht durch die Nase geschnaubt.“
Sie demonstriert es ihrem Chef.
„Ist endlich ihre Abschlußbeurteilung von der Schule eingetroffen?“ fragt Major Kunze. Die Sekretärin verneint. Kunze kneift die Augen zusammen und fordert eine telefonische Verbindung mit dem Schulleiter.

Freitag, 28. September, 10 Uhr 20

Im Vorzimmer des Chefs erfährt Karin Mikulka, daß die Besprechung auf halb fünf Uhr nachmittags verlegt ist. Gut so, denkt sie, da ist die Frist noch einmal verlängert.
Leider brachte der Morgenausflug nicht den gewünschten Erfolg. Von sechs Uhr an stand sie in den Häusern neben Luise Spormanns Wohnung auf dem Sprung, um die Leute auf ihrem Weg zur Arbeit abzupassen. Niemand von ihnen hatte die Unbekannte auf dem Hinterhof bemerkt. Keiner konnte sich an eine etwa fünfzigjährige grauhaarige Frau mit braunem Übergangsmantel erinnern. Sollten ihre Überlegungen falsch gewesen sein? Karin wurde unsicher.
Die Kriminalistin geht in ihr Arbeitszimmer zurück und setzt sich nachdenklich an den Schreibtisch. Sie kann nur hoffen, daß Hildegard Pausenschmidt ihr weiterhelfen wird, indem sie die gewünschten Akten in der Ablage aufspürt, auch ohne Angabe konkreter Daten. Karin weiß sehr gut, was es für eine Heidenarbeit bedeutet, zwischen Hunderten von Fällen nach zwei Namen zu fahnden. Deshalb ist sie erleichtert und auch ein bißchen froh, als endlich das Telefon klingelt und sich die Kollegin Pausenschmidt meldet. Sie hat nach langem Suchen die Akten Kraatz und Schröder gefunden. Als Karin die schmalen Ordner bei ihr abholt, legt sie wortlos einen

nen großen Kasten Konfekt auf Hildes Schreibplatz und geht, ohne auf den Einspruch der anderen zu reagieren.
Wieder im eigenen Zimmer beginnt sie sofort mit dem Durcharbeiten der beiden vorläufig eingestellten Vorgänge. Danach entscheidet sie sich, mit Gertrud Kraatz anzufangen. Wäre doch gelacht, denkt Karin Mikulka, wenn ich keine weiteren Beweise für die Existenz dieser unbekannten Frau fände. Trotz ihrer Zuversicht wird sie schwankend bei diesem Gedanken. Ach was, spricht sie sich Mut zu, es war auch schon eigenmächtig, Herrn Jansen im Krankenhaus aufzusuchen. Aber der Besuch hat sich gelohnt. Andererseits läßt sich Major Kunze von ihrer Version sicher nur dann überzeugen, wenn sie mit neuen Details aufwarten kann. Sie muß es riskieren, muß bei Gertrud Kraatz und Herta Schröder nach Parallelen suchen. Danach würde man weitersehen.
Die Kriminalistin orientiert sich auf dem Stadtplan über die Lage der Wohnung von Frau Kraatz und beschließt zu laufen. Wenn irgend möglich, leistet sie sich diesen Zeitluxus. Dadurch werden Entfernungen für sie anfaßbarer. Sie kann Wohngegenden atmen; Bäcker, Kaufmann, Metzger, grüne Ausruhpunkte mit Bänken prägen sich nebenher ein. Gleichzeitig haben die Gedanken Raum, Tatvarianten durchzuspielen, und den jeweils notwendigen Fragenfahrplan für die nächsten Stunden festzulegen. Doch heute ist das anders: Kaum vorgeplante Fragen, kaum ein Konzept; außer diesem vielleicht, in alten Vorgängen nach Gemeinsamkeiten zu den Fällen Anna Linders und Elli Krause zu suchen oder einen Zusammenhang endgültig zu verwerfen.
Karin Mikulka steht vor dem Haus, in dem Gertrud Kraatz wohnt. Ein Blick auf den Notizzettel, Nummer 75 ist richtig. Sie wechselt daher die Straßenseite und besieht sich das vierstöckige Gebäude aus der Entfernung. Es ist ein Eckhaus am Ende der Straße. Sein Grauputz hat den letzten Krieg unbeschadet überstanden. Noch sind die Worte „Eigener Herd ...“ und die Jahreszahl 1934 deutlich sichtbar. Doch seit Jahren schon wehen bei Ostwind dichte Kohlenstaub-

Wolken vom Verladebahnhof herüber, die schwärzen Haus und Fensterscheiben. Da die Straße baumlos ist, haben nur Häuser vom anderen Ende eine kleine Chance, vom Kohlendreck verschont zu bleiben.
Im ersten Stock bewegt sich eine Gardine. Ein runzliges Gesicht taucht am Fenster auf und verschwindet wieder. Karin Mikulka strubbelt ihre Hände ordnend durch die kurzen Haare und geht auf den Eingang zu.
Während sie die Treppe zum ersten Stock hinaufsteigt, öffnet sich oben eine Wohnungstür. Die weißhaarige Frau vom Fenster schlurft auf den Gang hinaus, ihr entgegen. „Ich habe auf Sie gewartet“, sagt sie freundlich.
„Tatsächlich?“ fragt Karin Mikulka lächelnd und sieht zum Türschild aus Messing. In deutscher Schreibschrift steht dort der Name – Gertrud Kraatz. Hier ist sie richtig!
„Sind Sie nicht die junge Frau mit den Kartoffeln?“
Karin Mikulka hebt bedauernd die leeren Hände und nennt ihren Namen.
„Das macht nichts. Ich freue mich über jeden Besuch.“ Sie schlurft zurück in ihre Wohnung. Der viel zu weite Rock, durch eine Sicherheitsnadel am Bund gehalten, schlenkert ihr dabei um die dünnen Beine. Die Absätze der knöchelhohen Hausschuhe sind schief. Karin Mikulka folgt der alten Frau.
Das Zimmer, in das sie kommt, macht einen liebenswert unaufgeräumten Eindruck, obwohl die Streifentapete an den Wänden neu geklebt ist. Überall stehen Schachteln und Kästchen mit Knöpfen oder Wolle umher. Über alle Stühle verteilt liegen Sachen. Wie selbstverständlich räumt sich Karin Mikulka einen Stuhl frei und setzt sich. Frau Kraatz sucht unterdessen ihre Nickelbrille. Sie schüttet zwei Pappschachteln mit Knöpfen auf dem Tisch aus. Dann sieht sie im Nähkasten nach.
„Da ist sie ja“, murmelt sie und setzt sich die Brille mit den kleinen Rundgläsern ins runzlige Gesicht. Zwei starre blaue Augen mustern die Kriminalistin.
„Was, Sie sind ein Mädchen?“ wundert sich die alte Frau.

„An Ihnen ist ja überhaupt nichts dran." Sie schüttelt den Kopf. „So dünn war ich nicht mal im Krieg. Nicht im ersten und auch nicht in dem danach." Noch immer kopfschüttelnd kommt sie an den Tisch und setzt sich. „Haare haben Sie auch fast keine! Ist das jetzt modern?" Ohne eine Antwort abzuwarten, beginnen ihre Finger die ausgeschütteten Knöpfe zu mehreren Häufchen zu sortieren.
„Ich komme wegen der gestohlenen dreihundert Mark. Ich bin von der Kriminalpolizei."
Frau Kraatz steht wieder auf und holt sich den Nähkasten auf den Tisch. Sie entnimmt ihm eine Keksschachtel mit Garnrollen. Nachdem sie die Schachtel in den Nähkasten entleert hat, sammelt sie die Knöpfe vom Tisch hinein. „Was haben Sie gerade gesagt?" Sie sieht zerstreut von ihrer Arbeit hoch, doch bevor Karin Mikulka antworten kann, scheint sich die alte Frau zu besinnen. „Es gibt wieder mal keine Kartoffeln? Na gut! Dann koche ich mir eben eine Suppe." Sie lächelt zaghaft. „Falls ich noch Nudeln im Haus habe." Danach beugt sie sich über den Tisch der jungen Frau zu und flüstert geheimnisvoll. „Ich habe nämlich mein Gebiß verloren. Beim Niesen. Auf der Wiese. Nein, da nicht. Im Bett. Ich habe geträumt ..."
Sie denkt angestrengt nach, wobei die Finger sacht über die Knöpfe tasten. „Ich weiß auch nicht", sagt sie. „Ich vergesse alles!"
Karin Mikulka greift nach dem Arm von Gertrud Kraatz und drückt ihn leicht. Als diese endlich ihren Blick starr auf Karin richtet, fragt die Kriminalistin: „Wie war das im letzten Winter mit Ihrem Geld?"
Frau Kraatz ruckt sich auf ihrem Stuhl sehr gerade und sagt stolz: „Ich bin jetzt einundneunzig. Mein Vater starb mit neunundneunzig. Bis dahin habe ich noch einige Jahre Zeit."
Die Kriminalistin nickt anerkennend. Behutsam erinnert sie: „Sie waren Anfang November mehrfach auf der Polizei. Bei Herrn Hertel. Im Revier Süd."
Frau Kraatz lächelt versonnen. „Ein feiner Mann! Und so adrett angezogen."

Sie schüttet die Keksschachtel in den Nähkasten um. Danach fegt sie die restlichen Knöpfe mit der hohlen Hand vom Tisch in die am Tischrand bereitgehaltene Pappschachtel.
„Ich habe einen Freund. Einen Ungarn." Sie blinzelt prüfend zu Karin Mikulka. Da diese aber aufmerksam zuhört, redet sie beruhigt weiter. „Er wohnt bei seinen Kindern. In dem langen Neubau auf der Karl-Liebknecht-Straße. Direkt über dem großen Möbelgeschäft."
Sie kichert verschämt. „Wenn er mich sieht, kommt er gleich gelaufen und gibt mir einen Handkuß. Das macht man da so."
Sie zupft sich die Bluse über der flachen Brust zurecht. „Da ist nichts mehr", kichert sie albern.
Übergangslos steht sie auf und geht zum Vertiko. Sie zieht die oberste Schublade auf und zeigt hinein. „Hier lag das Geld. Alles Fünfzigmarkscheine!"
Karin Mikulka erhebt sich eilig. „Wer könnte das Geld genommen haben?" fragt sie gespannt.
Frau Kraatz überlegt kurz. Danach beginnt sie in der Schublade herumzuwühlen. „Jetzt kann mich keiner beerdigen. Da muß ich hundert werden und was sparen." Sie kichert wieder vor sich hin.
Eindringlich fragt die Kriminalistin: „Ob Ihr Freund etwas damit zu tun hat?" Doch sie bereut diese Frage sogleich.
Frau Kraatz schiebt das Schubfach mit lautem Krach zu und strebt spontan von ihr weg, hin zum Fenster. Sie ist erregt. Ihre Lippen formen einen Schwall lautloser Worte. Die Finger hantieren am Sitz der grobmaschigen Baumwollgardine. Danach fährt sie prüfend mit dem Zeigefinger auf dem Fensterbrett entlang. Es bleibt eine helle Spur auf dem kohlenstaubigen Fensterbrett zurück. Karin scheint nicht mehr für sie zu existieren. Doch plötzlich erinnert sich die alte Frau wieder an ihren Gast. Ruckartig dreht sie sich um und sagt streng:
„Gehen Sie!"
Karin Mikulka steht noch immer reglos am Vertiko. Blitzschnell überlegt sie, was zu tun ist. „Ein schöner Schrank",

sagt sie übergangslos und streicht anerkennend mit den Fingerspitzen über geschnitzte Blumenornamente. „Ich liebe Jugendstilmöbel."
Frau Kraatz kommt ein paar Schritt näher. Sie blinzelt verschmitzt, als sie sagt: „Ich lasse nie Männer in die Wohnung. Da weiß man doch nie."
Karin muß lachen. Sie geht auf die alte Frau zu und legt einen Arm um sie. Behutsam fragt sie: „Und wer war es dann? Etwa eine Frau?"
Frau Kraatz wischt mit dem Handrücken nach einer Träne. „Sie hat meine Teekanne behalten. Dabei war die nur geborgt", erzählt sie bekümmert. „Das Service ist noch von meiner Mutter." Als sie Karin Mikulkas skeptischen Blick bemerkt, löst sie sich resolut aus deren Arm und schlurrt eilig in die Küche. Wenig später bringt sie drei Tassen herein aus Chinaporzellan. Die sind zerbrechlich dünnwandig und handgemalt mit zauberhaft farbigen Blumenmustern.
„Wie heißt die Frau?"
Frau Kraatz sinnt lange vor sich hin. Karin Mikulka wird unsicher, weiß nicht, ob der Gesprächsfaden zwischen ihnen wieder abgerissen ist.
„Sie hat mir den Spiegel zerschlagen, weil ich bei ihr ein paar graue Haare entdeckte." Die alte Frau erhebt sich und schlurrt ins Schlafzimmer hinüber. „Kommen Sie!" fordert sie die Kriminalistin auf.
Im Schlafzimmer zerrt sie aus dem Kleiderschrank unter einem Berg schmutziger Wäsche ein zusammengeknüpftes Rolltuch hervor. Das dauert eine geraume Weile. So gewinnt Karin Zeit, sich in Ruhe umzusehen. An der Wand steht ein altes Holzbett mit gedrechselten Beinen. Darüber tanzt ein Elfenreigen in einem riesigen Goldrahmen. Neben dem breiten Bauernbett ist ein leerer Spiegelrahmen an der Wand befestigt. Auch hier im Schlafzimmer liegen überall Sachen umher. Besonders auf dem kleinen runden Tisch gleich neben der Tür und auf den vier Polsterstühlen. Selbst auf dem altertümlichen Ofen sind einige Schachteln und zwei Pappkoffer gestapelt. Das blaukarierte Federbett und das Kopfkissen

sind flüchtig glattgestrichen. Als Frau Kraatz versucht, das Bündel anzuheben, springt Karin hinzu und hebt es aufs Bett. Dabei klirrt es leise. Sie knotet das Tuch auf. Spiegelscherben!
Danach gehen beide ins Wohnzimmer zurück. Die Kriminalistin führt die alte Frau am Arm. Sie taumelt leicht. Beide setzen sich an den Stubentisch. Noch einmal versucht Karin Näheres über die fremde Besucherin zu erfahren. Es ist aussichtslos. Lediglich die Haarfarbe kann sie Gertrud Kraatz noch entlocken, schwarz, doch dann sperrt sich die alte Frau endgültig.
„So eine hat keinen Namen", beharrt sie auf ihrem Standpunkt. „So eine treibt es mit dem Teufel."
Nach dieser Feststellung bleibt es eine Weile still im Zimmer. Nur die Standuhr tickt laut aus ihrer Ecke. Frau Kraatz döst stumpf vor sich hin. Etwas ratlos sitzt Karin auf ihrem Stuhl herum. Sie hat nicht viel Neues erfahren. Außerdem ist sie unsicher, ob das Gehörte ausreichen wird, die Aussagen der Hausbewohner zu entkräften. Die Nachbarn hatten übereinstimmend zu Protokoll gegeben, Frau Kraatz habe vermutlich das Geld verbrannt. Genauso verbrannt, wie sie auch alle anderen Dinge in dem alten Küchenherd verfeuere. Anschließend suche sie dann wochenlang ihre Sachen im gesamten Haus.
Ich muß noch dichter heran, überlegt Karin Mikulka und sieht zu der alten Frau, die sich sacht auf ihrem Stuhl zurechtsetzt.
„Sie kommt bald wieder", flüstert sie geheimnisvoll.
„Wer?"
Frau Kraatz deutet zum Vertiko. „Sie hat ihren Wein nicht ausgetrunken."
Karin erhebt sich zögernd. Sie geht zum Schrank und sieht sich dort das Weinglas genauer an. Behutsam hebt sie es mit einem Papiertaschentuch gegen das Licht. Ein angetrockneter Rand deutet auf längeres Stehen hin. Außerdem sind zwei Fingerabdrücke erkennbar. Auch auf ihnen hat sich der Kohlenstaub abgelagert. Trotzdem ist Karin Mikulka vorsichtig.

„Wie lange steht das Glas schon auf dem Vertiko?“ fragt sie. „Seit gestern“, kommt die prompte Antwort. Doch nach einigem Nachdenken fügt die alte Frau hinzu: „Die Fliegen schwimmen schon lange drin.“
„Weshalb haben Sie das Glas nicht abgewaschen?“ erkundigt sich die Kriminalistin.
Frau Kraatz blinzelt erstaunt. „Das Glas ist doch halb voll! Das kann man nicht einfach wegschütten.“
Die Kriminalistin nickt ergeben. Es wird so viel weggeworfen und weggeschüttet, denkt sie. Aber natürlich, die alte Frau ist eine andere Generation, da zählt Aufheben noch zu den Wichtigkeiten. Laut sagt sie: „Ich nehme das Weinglas mit und eine von den Chinaporzellantassen. Ich schreibe Ihnen eine Quittung.“ Die vom Labor würden schon herausfinden, wie lange der Wein gestanden hatte. Aber wenn ...! Das wäre ein Anfang. Ein Stadtgespenst mit gezeichneten Händen.

Freitag, 28. September

Charlotte Heyse steht vor dem Korridorspiegel und setzt sich ihren rotbraunen Ausgehhut auf. Sie ist in dem kleinen Gartenlokal am unteren Ende der Straße verabredet. Leider, der Himmel hatte sein morgendliches Schönwetter-Versprechen nicht gehalten. Seit zwei Stunden schieben sich große Wolkenberge vor die Sonne und lassen ihr nur noch selten einen Durchblick. Als Charlotte Heyse in der Küche aus dem Fenster sieht, bemerkt sie, daß die Platanen heftig geschüttelt werden.
Hoffentlich ist es nicht zu kalt zum Draußensitzen, denkt sie besorgt und hakt das zusammenfaltbare Schaumstoffkissen von seinem Nagel an der Seitenwand des Küchenschrankes. Seit gestern Abend plagt sie Reißen in der rechten Schulter. In der Nacht war sie trotz Rheunervol und dickem Wolltuch mehrfach vor Schmerzen aufgewacht. Das konnte sie sich nur

am Nachmittag auf dem Friedhof weggeholt haben. Da würde sie in den nächsten Tagen doppelt vorsichtig sein müssen. Sie schaut zur Küchenuhr. Höchste Zeit, wenn sie zu ihrer ersten Verabredung nicht zu spät sein will. Hastig packt sie ihr Sitzkissen ein und verläßt die Wohnung.
Sie wählt die Abkürzung über den Mühlgraben. Beim Überqueren der alten Holzbrücke preßt sie gewohnheitsgemäß ein Taschentuch vor Mund und Nase, um sich vor dem durchdringenden Phenolgeruch zu schützen, der aus dem schwarzen schnellfließenden Wasser aufsteigt. Fast nicht zu glauben, daß man hier bis kurz nach Kriegsende baden konnte, verwundert sie sich nicht zum ersten Mal. Aber an Flußbadestellen und an die Gondelfahrten in ihrer Kindheit erinnert sich Charlotte Heyse noch gut. Schade, alles Vergangenheit, denkt sie wehmütig. Die jungen Leute kennen es nicht anders. Sie haben keine Ahnung, wie schön die Stadt früher einmal war, als Flüsse und Kanäle noch klares Wasser führten. Heute gibt es das nur noch in den gefluteten Braunkohlerestlöchern und in den Kiesgruben. Die alte Frau schüttelt den Kopf. Normal erscheint ihr das nicht, daß Flüsse zu verschmutzen Industriealltag geworden ist.
Schon von weitem bemerkt Charlotte Heyse die hochgestellten Gartenstühle. Enttäuscht entziffert sie beim Näherkommen das Blechschild „Ruhetag“. Es schaukelt an einer Kette quer vor dem Eingang.
„Geschieht mir recht“, sagt sie statt einer Begrüßung zu der grauhaarigen Frau, die wartend vor dem Eingang steht.
„Wer nie ausgeht, kennt keine Öffnungszeiten und hat den Schaden.“ Sie faßt nach dem Arm der anderen. „Nicht böse sein, aber ich habe Ihren Namen wieder vergessen.“
„Schumann.“
Charlotte Heyse hatte sie nach Elli Krauses Beerdigung kennengelernt. Die Fremde war der Familie in die kleine Gaststätte neben dem Friedhof gefolgt. Das Lokal war zu der Zeit gut besetzt. So geriet sie scheinbar zufällig mit an den Tisch und kam neben Charlotte Heyse zu sitzen, ohne daß es sonderlich auffiel.

„Wie bestellt und nicht abgeholt.“ Charlotte Heyse lacht verlegen. Schließlich stammte die Idee mit dem Außencafé von ihr.
„Und Ihre Schwägerin? Wollte sie nicht auch kommen?“
Charlotte Heyse winkt ab. „Ich habe es Marga ausgeredet, nachdem Sie gegangen waren“, sagt sie. „Sie liegt im Bett und kuriert ihren Husten mit Bienenhonig und Zwiebelsaft. Das war doch gestern nicht mehr mit anzuhören. Aber wie ich Marga kenne, ist sie in ein bis zwei Tagen wieder auf den Beinen.“
Die Frau scheint über die Nachricht erfreut. „Wir können ja zu mir fahren“, schlägt sie vor. „Von hier ist es eine halbe Stunde mit der S-Bahn.“ Sie sieht auf ihre Armbanduhr. „Ach, das ist dumm. Die S-Bahn ist gerade weg. Die nächste kommt erst wieder in zwanzig Minuten.“
Von einem so weiten Weg will Charlotte Heyse heute nichts wissen. „Vielleicht ein anderes Mal“, sagt sie freundlich. „Aber wie wäre es damit? Wir kaufen beim Bäcker Kuchen und gehen zu mir.“ Diese Wendung war nicht eingeplant. Sie freut sich, daß die andere ohne viel Umstände zustimmt. Ihre Schulter schmerzt wieder stärker, und sie sehnt sich in die vertrauten vier Wände zurück.
Der runde Tisch im Wohnzimmer ist schnell gedeckt. Danach geht die alte Frau in die Küche Kaffee kochen. Die Besucherin bleibt allein im Zimmer. Sie blickt zur Uhr auf dem Wohnzimmerbüfett. Es ist halb vier! Jetzt steht Mutter vom Mittagsschlaf auf und faltet die Wolldecke, denkt sie flüchtig. Plötzlich sieht sie überdeutlich vor sich, wie die Hände der Mutter die Decke kantengenau zusammenlegen. Da wird sie also fast zur gleichen Zeit wie wir Kaffee trinken, stellt sie lakonisch fest und schluckt. Bestimmt wird Mutter den Rest Napfkuchen essen, von dem Emilie wie üblich behauptet hat, es sei Klitschkuchen, überlegt sie und schüttelt sich unbewußt. Jeden Nachmittag das süße Zeug und Kaffeeschwatz und wieder essen, bis es zu den Ohren herausquillt. Widerlich! Bei diesem Gedanken beschleicht sie Unruhe. Um sich abzulenken, schaut sie sich gründlicher im Zimmer um: ein

altes Sofa; Großvaterstuhl am Fenster; ein nicht mehr neuer Webteppich, auf dem ein runder Tisch mit vier hohen Lehnstühlen steht; und an der längsten Wand ein Büfett aus mittelbraunem Holz, ohne viel Schnörkel und Verzierungen. Außer dem üppigen Pflanzenschmuck ein normales Zimmer.
Sie hat einen Blumentick, denkt die Fremde. Denn das scheußliche Grünzeug stand überall herum – auf einer Blumenbank in der linken Fensterecke, über alle Möbel verteilt und auf beiden Fensterbrettern. Von Blumenpflege verstand die Frau nicht viel. In der eigenen, sonnenlosen Wohnung hielten sich nicht einmal anspruchslose Kakteen.
Sie nimmt einen silbernen Kaffeelöffel vom Teller und beginnt nervös gegen den Tischrand zu klappern. Die dumpfe Unruhe in ihr breitet sich aus. Auch der feine Kopfschmerz hinter der Stirn hat wieder eingesetzt. Sie trommelt lauter gegen den Tisch, doch das Klopfgeräusch verschlimmert ihren Zustand. Sie legt die Hände in den Schoß, versucht, sich so zur Ruhe zu zwingen. Mechanisch drehen die Finger den Löffel.
Lenk dich ab, befiehlt sie sich. Zähle die Sofakissen. Sie fängt sogleich damit an. Sieben! Zwei weniger als zu Hause. Sie zählt von neuem und noch einmal. Beim vierten Mal wird ihr schlecht. Ohrensausen setzt ein. Krampfhaft versucht sie, die aufsteigende Übelkeit wegzuschlucken. Plötzlich gibt es einen leisen Knacks. Sie hält den zerbrochenen Silberlöffel zwischen den Fingern. Erschrocken springt die Frau auf und läuft zu der schweren Bodenvase zwischen den Fenstern. Hastig wirft sie die beiden Teile des kunstvoll gearbeiteten Löffels hinein. Anschließend geht sie zum Fenster, reißt die Gardine ein Stück zur Seite und lehnt die Stirn gegen das kühle Glas.
„Ist Ihnen nicht gut?“ fragt Charlotte Heyse besorgt, als sie mit der Kaffeekanne ins Zimmer kommt und die andere weiterhin reglos am Fenster verharrt.
Beim Klang der Stimme fährt die Frau herum. „Ich dachte einen Augenblick ...“, stottert sie verwirrt. Sie schüttelt den

Kopf und lächelt unsicher. „Unsinn! Ihre Aussicht ist viel schöner als aus unserem Hinterhoffenster." Benommen läuft sie auf den Tisch zu. „Ich lebe mit meiner Mutter zusammen", redet sie über ihr merkwürdiges Verhalten hinweg. „Wir wohnen drei Treppen hoch. Leider haben wir keine Sonne." Sie bleibt stocksteif neben dem Tisch stehen und sieht der alten Frau beim Eingießen zu. Dann bemerkt sie ihr hölzernes Benehmen und setzt sich ungelenk. Sie fühlt sich wie eine Marionette in einem ihr längst bekannten Stück. Mühsam versucht sie, die wirren Gedanken zu ordnen.

Charlotte Heyse indes lächelt freundlich. Sie weiß nicht recht, was plötzlich mit der anderen los ist. „Soll ich das Fenster aufmachen?" fragt sie besorgt. Die Frau verneint. In diesem Augenblick entdeckt Charlotte Heyse, daß ein Silberlöffel fehlt. Ihre Augen wandern über den Tisch. „Habe ich nicht zwei Löffel hergelegt?" fragt sie verwundert. „Jetzt glaube ich bald selber daran, daß ich alt werde." Sie steht auf und geht zum Büfett. Eigentlich hätte sie beschwören können, daß ... Nachdenklich schließt sie die Schranktür auf und zieht den ledernen Besteckkasten heraus. Sie klappt ihn auf. Nur vier kleine Löffel! Im ersten Moment ist die alte Frau verwirrt. Was soll sie davon halten? Sie dreht sich nach der Besucherin um und sieht sie mit wachen Augen an.

„Ich habe den Löffel nicht", sagt die Frau schroff, als sie den fragenden Blick auffängt. Sie reißt ihre Handtasche mit einem Ruck von der Stuhllehne und beginnt den Inhalt mit fliegenden Händen auf dem Tisch auszuschütten, bevor Charlotte Heyse sie daran hindern kann. „Genau wie meine Mutter", stößt sie anklagend hervor. „Auch Emilie verdächtigt mich in einem fort. Es ist gemein."

Charlotte Heyse kommt völlig sprachlos zum Tisch. Das Ganze ist ihr furchtbar peinlich. Wortlos hilft sie beim Einräumen der Tasche. „Vielleicht hat Marga das Besteck durcheinander gebracht", sucht sie kleinlaut nach einer plausiblen Erklärung. Danach holt sie einen neuen Löffel, legt jedem ein Stück Schokoladentorte vor und wünscht zaghaft: „Guten Appetit."

Während beide essen, gewinnt die alte Frau allmählich ihr Gleichgewicht zurück. Stockend bringt sie das abgerissene Gespräch wieder in Gang. Sie beginnt von ihrem Mann zu erzählen. Mit der Zeit verschwindet der Mißton.

„Nach Gustavs Schlaganfall mußten wir uns zu Hause einrichten", sagt sie. „Höchstens ein kleiner Spaziergang im Karree. Das Laufen fiel ihm zusehends schwerer. Als er vor fünf Jahren starb, war ich daran gewöhnt, zu Hause zu sitzen."

Die andere spielt das Spiel bereitwillig mit. Keiner der beiden rührt mehr an den Vorfall. Langsam löst sich die Spannung, das Gespräch wird lebhafter. Die Fremde erzählt nun ihrerseits von der herzkranken Mutter. „Sie schafft die vielen Treppen bis zur Wohnung nicht mehr", erklärt sie. „Deshalb habe ich meine Stelle im Schreibbüro aufgegeben. Jetzt hole ich mir wöchentlich Arbeit nach Hause."

Charlotte Heyse schenkt erleichtert Kaffee nach. Ihr tut der verpatzte Anfang leid. Vor allem, weil diese Frau Schumann eine wirklich nette Frau ist und so bescheiden. Ich muß das bei der nächstbesten Gelegenheit wiedergutmachen, denkt sie. Diese Kränkung hat sie nicht verdient. Noch immer pulst ihr das Blut schneller, wenn sie nur daran denkt, wie die Fremde den Tascheninhalt vor ihr ausbreitete. Charlotte Heyse faßt über den Tisch nach der anderen und drückt ihr dankbar den Arm. Danach redet sie rasch weiter: „Einmal in der Woche klingelt mich meine Schwägerin 'raus. Dann laufen wir ein Stück. Marga schimpft ständig über meine Stubenhockerei. Sie braucht immer Trubel um sich. Richtig unternehmungssüchtig, kann ich Ihnen sagen."

Die Frau murmelt halblaut: „Muttis Freundin Emilie kommt jeden Freitag. Wir spielen zusammen Mensch-ärgere-dich-nicht. Das ist sehr ...", sie sucht nach einem brauchbaren Wort, sagt dann: „... lustig!" Wiederholt mehr für sich. „Ja, das ist sehr lustig." Aber ihr Gesicht verzieht sich dabei zu einer Grimasse.

Charlotte Heyse rührt gerade Zucker in ihren Kaffee. „Schön, daß Sie so liebe Leute um sich haben", freut sie sich.

„Der Mensch braucht so etwas. Ich jedenfalls könnte nicht völlig isoliert leben. Das stelle ich mir schrecklich vor, obwohl ..."
In diesem Augenblick klingelt es. Charlotte Heyse erhebt sich verwundert und geht öffnen. Kaum ist die Korridortür auf, wird sie stürmisch von der Enkelin umhalst. „Das ist ein glatter Überfall", protestiert die alte Frau laut und redet so den Schreck weg. Doch Gisela hakt sich bereits bei der Oma ein und schiebt sie übermütig vor sich her bis ins Wohnzimmer. Dort verhält sie überrascht. Daß die Oma sich fremden Besuch einlädt, ist neu. Sie druckst verlegen, fordert schließlich dringlich: „Komm doch bitte mal in die Küche."
Charlotte Heyse lacht auf. Jetzt weiß sie Bescheid. „Du brauchst wieder Geld!" sagt sie trocken. „Stimmt's?" Gisela bekommt einen roten Kopf. Als Charlotte Heyse es bemerkt, stupst sie ihren Finger aufmunternd gegen Giselas Arm: „Zick' dich nicht vor Frau Schumann. Sie gehört schon fast zur Familie", sagt sie überschwenglich und wechselt mit ihrem Gast einen Blick. Die Frau erwidert die Freundlichkeit mit einem Lächeln.
„Ich zahle es bestimmt zurück", flüstert Gisela schuldbewußt. „Auch die fünfzig Mark vom letzten Mal."
Charlotte Heyse zwinkert der Fremden verschwörerisch zu, während sie der Enkelin mit dem Finger droht. „Ich will nur hoffen, daß du mich alte Frau nicht betrügst", sagt sie mit ernstem Gesicht. Doch die Augen verraten sie. Die blicken gutmütig sanft. Gisela atmet auf.
Dann ist endlich Zeit, die Enkelin vorzustellen. Ungeduldig wartet Gisela, bis die Oma zu reden aufhört, damit sie über ihr Problem sprechen kann. Sie erzählt dann auch gleich, daß sie und ihr Freund Mike im Buchantiquariat neben der Uni-Mensa eine fast vollständige Ausgabe von Meyers Lexikon entdeckt haben. Zum Kauf fehlen dreihundert Mark.
„Wie dein Vater! Alfred kann auch kein Geld festhalten. Am besten, Mädel, du gibst dein Geld Mike. Der scheint mir der Sparsamere von euch."
Die Enkelin widerspricht keß, findet, daß die Oma davon

nun wirklich nichts verstünde. „Außerdem klimpert bald eine Menge Geld in unserer Kasse“, sagt sie optimistisch. „Wir wollen am Wochenende kellnern gehen.“

Charlotte Heyse sieht die Enkelin skeptisch an. Danach geht sie zum Büfett, nimmt den Schlüssel unter der Uhr hervor und schließt auf. Unter einem Wäschestapel, im zweiten Fach von oben, zieht sie ihr Sparbuch hervor. Noch mit dem Rücken zur Enkelin fragt sie leise: „Hast du dich entschieden? Du wolltest mir bis morgen Bescheid geben.“ In ihrer Frage schwingt Hoffnung. Sie dreht sich der Enkelin zu, der sie angeboten hatte, über die Studienzeit bei ihr zu wohnen. Es erschien der alten Frau weit vernünftiger als dieses Zigeunerleben im Internat.

Gisela sieht auf ihre Schuhspitzen. „Mike wohnt seit einer Woche im Internat“, sagt sie leise. Es klingt wie ein Bitte.

harlotte Heyse nickt bedächtig. Es ist also entschieden. Einen Moment lang blicken ihre Augen traurig. Langsam geht sie die paar Schritte bis zum Tisch und steckt der Enkelin sechs Fünfzigmarkscheine aus dem Sparbuch zu. Dann ist die Enttäuschung weggeatmet. „Komm, ich gebe euch ein paar Buletten fürs Abendbrot mit“, sagt sie und legt das Sparbuch auf den Tisch. Sie ist jetzt wieder ganz Oma.

Gisela umarmt die alte Frau spontan und flüstert ihr zärtlich ins Ohr: „Du bist die liebste Borgeoma der Welt.“

Beim Hinausgehen fügt sie dann schnell noch ein heiliges Ehrenwort hinzu, daß sie sich von nun an mehr um die Oma kümmern werde. Charlotte Heyse versetzt der Enkelin einen freundschaftlichen Klaps.

Als die Fremde Giselas helle Stimme aus der Küche hört, beugt sie sich über den Tisch und greift nach dem Sparbuch. Hastig blättert sie es durch. Halblaut liest sie die Geldeintragung: „Neuntausendeinhundertfünfundzwanzig Mark!“ Ihre Zungenspitze fährt über die Unterlippe, als schmecke sie der Summe nach. Dann legt sie das Sparbuch an seinen Platz zurück.

Nachdem Charlotte Heyse die Enkelin an der Wohnungstür verabschiedet hat, kommt sie ins Zimmer zurück. Sekundenlang hängt sich ihr Blick an der Besucherin fest, als überlege sie, ob es gut war, das Sparbuch so leichtfertig auf dem Tisch liegen zu lassen. Doch der Halbgedanke verflüchtigt sich gleich wieder. Sie nimmt das Sparbuch und schiebt es wieder unter den Wäschestapel. Danach verschließt sie das Büfett sorgfältig und legt den Schlüssel an seinen Platz zurück.

„Aus meiner Enkelin wird mal was ganz Großes", sagt sie mit unerschütterlicher Omaüberzeugung und setzt sich zu ihrem Gast. „Sie studiert an der Universität. Chemie. Und ihr Freund, der Mike, auch."

„Aber ein bißchen flink im Geldausgeben, was?"

Charlotte Heyse verteidigt die Enkelin. „Das Stipendium reicht nicht weit. Und meine Karla hält das Mädel sehr knapp. Da bleibt nur die Oma. Ehrlich gesagt, ich bin froh, daß Gisela wenigstens für eine Weile in meiner Nähe ist und daß sie mit ihren Sorgen zu mir kommt."

Die Fremde erkundigt sich mit viel Fingerspitzengefühl nach Frau Heyses Tochter.

„Die hat mit sich zu tun", antwortet die alte Frau. „Den ganzen Tag steht sie hinter dem Ladentisch, und dann noch der Haushalt. Erst neulich schrieb sie wieder, daß sie in einem fort müde sei. Darüber sorge ich mich sehr. Meine Tochter war nie die stabilste."

Die Frau faßt nach Charlotte Heyses Hand, die auf dem Tisch ruht, und drückt sie. „Jetzt bin ich ja da", sagt sie. „Wir beide machen uns das richtig schön. Mit dem Alleinsein ist nun endgültig Schluß!"

Charlottes Besuch bleibt den ganzen Nachmittag. Sie trinken ein Gläßchen Kirschlikör zusammen, reden über die Vergangenheit und schmieden Pläne, was man gemeinsam unternehmen könnte. Die alte Frau wird mit der Zeit durch das angeregte Gespräch immer ausgelassener. Als dann die andere noch vorschlägt, das viel zu weite Kleid, das Charlotte Heyse trägt, zu Hause abzuändern, reagiert sie fast übermütig. Der Zwischenfall mit dem silbernen Kaffeelöffel ist längst vergessen.

Freitag, 28. September, 16 Uhr 40

Karin Mikulka sitzt ihrem Chef in dessen Dienstzimmer gegenüber. Vor ihr liegt ein Stenoblock mit Notizen. Das Arbeitsgespräch hatte vor zehn Minuten begonnen. Bisher verlief es ohne Störungen von außen, denn Frau Radtke erhielt die strikte Anweisung, alles Unnötige fernzuhalten.
„Bleiben Sie bei Ihrer These?"
Die Kriminalistin nickt knapp.
Der Major erhebt sich nachdenklich. Er läuft zum Fenster und sieht eine Weile hinaus. Danach kommt er zum Schreibtisch zurück und setzt sich wieder. „Interpretiere ich Sie richtig", fragt er, „Sie sind der Ansicht, daß jemand, wahrscheinlich eine Täterin, Bekanntschaften anknüpft zu alten Frauen und, wenn die Zeit reif ist, sie bestiehlt und danach verschwindet?"
Karin Mikulka bejaht das. Ihr Gesicht ist ernst.
„Worauf stützt sich Ihre Meinung?"
Sachlich beginnt Leutnant Mikulka ihre Ermittlungsergebnisse aneinanderzureihen: „Belegt ist durch Zeugenaussagen, daß Anna Linders, Elli Krause und Gertrud Kraatz allein lebten beziehungsweise leben", sagt sie. „Alle drei Rentnerinnen, mit einem kleinen, überschaubaren Freundeskreis, der seit Jahren existierte. Anna Linders lernte Ende März in der Kaufhalle eine Frau kennen. Sie freundeten sich an. Kaffeenachmittage folgten. Am siebzehnten August hob Frau Linders ohne ersichtlichen Grund von ihrem Sparguthaben sechstausenddreihundert Mark ab. Sie zeigte es kurz darauf Herrn Jansen. Das Abheben des Geldes erscheint mir ungewöhnlich", bemerkt Karin. „Die alte Frau vertraute es seit mehr als zwanzig Jahren der Bank an.
Zweitens: Die Zeugin Spormann gab zu Protokoll, daß ab Anfang April eine grauhaarige Frau, etwa fünfzig Jahre alt, mittelgroß, Zutritt erhielt zur Wohnung von Elli Krause. Diese holte laut Sparbucheintrag am neunten Mai vierzehntausend Mark von ihrem Konto. Genau die Summe, die sie später gegen einen mangelhaften Schuldschein einer unbe-

kannten Person aushändigte.“ Karin Mikulka macht eine Pause. Da sie jedoch in Kunzes Gesicht keine Reaktion wahrnehmen kann, fährt sie rasch fort.
„Drittens: Gertrud Kraatz lernte, wahrscheinlich irgendwann im Spätsommer des vergangenen Jahres, eine schwarzhaarige Frau kennen, die ihr den Spiegel zerschlug, eine handgemalte Chinaporzellankanne und dreihundert Mark entwendete. Die alte Frau erstattete Anfang November im Revier Süd bei Oberleutnant Hertel Anzeige. In diesem Fall gab es keine Abhebung auf der Bank, weil Gertrud Kraatz' gesamtes Vermögen sich nur auf dreihundert Mark belief. Sie verwahrte das Geld in ihrer Wohnung.
Auffällig für alle drei Vorgänge ist, daß die Fremde viel Mühe darauf verwandte, von niemandem, außer den Geschädigten, gesehen zu werden.“ Karin belegt das mit der Aussage von Rentner Jansen und Frau Spormann. „Beiden war es trotz Bemühung nicht gelungen, die Frau zu Gesicht zu bekommen“, sagt sie. „Bei Gertrud Kraatz verstand es die Unbekannte sogar, sich den Blicken der Hausbewohner völlig zu entziehen.“
Zögernd räumt Karin nach kurzem Überlegen ein: „Natürlich bleiben einige Ungereimtheiten. Zum Beispiel, wer war die rothaarige Frau, die Anna Linders besuchte. In wessen Auftrag hatte sie das Päckchen für die alte Frau gebracht. Daß es sich nicht um die Postfrau handelte, wurde noch während der Ermittlungen geklärt. Oder was steckt hinter der Spukgeschichte bei Elli Krause. Hatte die Fremde den verlegten Wohnungsschlüssel wiedergefunden und setzte Elli Krause psychischem Druck aus, um an die restlichen siebentausend Mark heranzukommen. Der zerschlagene Spiegel bei Gertrud Kraatz bleibt ebenfalls rätselhaft. Natürlich auch die unterschiedliche Beschreibung der Haarfarbe. Trotzdem glaube ich, daß es sich dabei um ein und dieselbe Person handelt. Die Begehungsweisen gleichen sich. Wahrscheinlich benutzt die Frau Perücken. Ob es sich bei Herta Schröder ähnlich verhält, muß ich noch überprüfen“, beendet die Kriminalistin ihre Ausführungen.

Zur Untermauerung des Ganzen legt sie dem Major die auf Folie gesicherten Weinglasabdrücke von Daumen und Zeigefinger vor. Sie waren bereits ausgewertet und katalogisiert, leider gab es von der zugehörigen Person noch keinen Vergleichsabdruck in der Kartei. Frau Kraatz schied als Verursacher aus. Ihre Fingerabdrücke wurden auf einer Chinatasse gesichert, die ihr die Kriminalistin zu diesem Zweck noch einmal in die Hand gab, bevor sie die Tasse in ihre Handtasche einpackte. Karin holt sie hervor und stellt sie vor Kunze auf den Schreibtisch.
Trotzdem scheint der Major nicht überzeugt. Im Gegenteil.
„Sie klittern die Akten gewaltsam aneinander", tadelt er. „Gertrud Kraatz ist doch völlig verwirrt. Den Spiegel hat sie womöglich selber zerschlagen, auch die Teekanne; beides ist ihr entfallen. Die dreihundert Mark wird sie in ihrer Tüdeligkeit im Herd verbrannt haben. Das wäre nichts Außergewöhnliches."
Der Major überlegt einen Augenblick, sagt dann: „Die Fingerabdrücke beweisen gar nichts. Der alten Frau helfen so viele Leute beim Einkaufen und im Haushalt. Die können von denen stammen. Ich denke, gerade deshalb wäre eine fremde Frau unbedingt aufgefallen."
„Die Nachbarn von Gertrud Kraatz gehen alle arbeiten", wirft Karin Mikulka ein. „Die gegenüberliegenden Häuser gehören zu einem Fabrikgelände."
Kunze winkt ab. „Ich glaube auch nicht, daß sich Wein fast ein Jahr im offenen Glas hält. Der wäre längst eingetrocknet. Das sieht mir alles ein bißchen nach Wunschdenken aus."
„Im Weinglas war Wasser", gibt Karin zögernd zu.
„Na bitte", antwortet der Major. „Da haben wir es doch."
Karin schüttelt den Kopf. „Gertrud Kraatz wird beim Blumengießen Wasser nachgeschüttet haben, nachdem sie bemerkte, es wurde immer weniger Wein im Glas. Was sollte sie der Fremden antworten, wenn die ihr Weinglas leer getrunken vorfand", überlegt Karin laut. „Ein wenig irre ist das schon", sagt sie. „Aber ich könnte das verstehen!"
Major Kunze spitzt sorgfältig einen Bleistift nach. Zwi-

schendurch sieht er einige Male zweifelnd zu seiner Mitarbeiterin hin.
„Ich klappere nächste Woche alle Antiquitätengeschäfte der Stadt ab. Falls der Zufall gnädig ist, stoße ich vielleicht auf die verkaufte Teekanne."
„Der Vorgang Kraatz wurde vorläufig eingestellt. Es handelt sich nur um einen Betrag von dreihundert Mark, und ein Täter konnte nicht ausfindig gemacht werden. Niemand im Haus konnte bestätigen, daß sie sich einen Spargroschen zurückgelegt hat", sagt der Major. „Es ist in Ordnung, daß sie Spürsinn entwickeln wollen. Aber, übertreiben Sie es nicht. Wir haben auch so Arbeit in Hülle und Fülle."
„Und Anna Linders, Elli Krause und Herta Schröder?" Karin gibt sich nicht zufrieden.
„Anna Linders' Geld ist mit der Handtasche im Bett verbrannt! Die Aussage des Rentners Jansen paßt dazu. Vielleicht wollte sie einen Farbfernseher kaufen und den Nachbarn damit überraschen. Das wäre doch immerhin möglich", erwidert der Major. „Herta Schröder steht überhaupt nicht zur Debatte."Karin Mikulka beugt sich über den Tisch. In gespannter Haltung kann sie ihre Erregung besser kontrollieren. Ihre Augen sind eng zusammengekniffen. „Heißt das, ich soll an den Akten nicht weiterarbeiten?!"
Kunze schneidet ihr mit einer Handbewegung das Wort ab. „Solange es keine neuen Erkenntnisse gibt, ist jedes Beschäftigen mit den abgeschlossenen Vorgängen Zeitvergeudung. Ihr Fall heißt Elli Krause! Ermitteln Sie im Haus von Luise Spormann. Ich erwarte Ihren Bericht Montag mittag! Sollten Sie dabei auf weitere Anhaltspunkte für Ihre Version stoßen, können wir noch einmal darüber reden. Aber keinerlei Extratouren!"
Karin Mikulka erhebt sich. Ihr Körper und auch ihr Gesicht sind stummer Widerspruch, während die Hände eilig Block und Tasse in der Umhängetasche verstauen. Kunze entgeht dieses unwillige Fügen nicht.
„Woher nehmen Sie nur Ihre verdammte Sicherheit", poltert er ungehalten über so viel Uneinsichtigkeit. Karin

schnieft durch die Nase. „Intuition“, kontert sie schnippisch, macht auf dem Absatz kehrt und geht auf die Tür zu. Eigentlich wollte der Major die Hofbankgeschichte vom Vormittag übergehen. Aber seine Geduld ist auch begrenzt. Er schickt ihr einen Rüffel hinterher.
Karin ist schon an der Tür. Fast zeitlupenhaft dreht sie sich dem Schreibtisch zu. „Ich hatte meine Brille nicht auf“, entschuldigt sie sich. „Muß ich wohl glatt das Verbotsschild übersehen haben.“ Spott schwingt in ihrer Stimme nach.
Darauf reagiert der Major gereizt, will wissen, wie sich das mit dem Ledigenheim verhält.
Karin hat sehr wohl begriffen, wie schmal im Augenblick der Grat ist. Trotzdem scheint sie der Teufel zu reiten, denn sie antwortet wurstig: „Das mit dem Buschfunk funktioniert in allen Städten gleich.“ Sie zuckt ergeben mit den Schultern und kommt einige Schritte näher ins Zimmer. Sagt dann leiser, ehrlicher: „Das ist mir nichts unter ständigem Polizeischutz. Ich brauche mein Privates. Sie wissen doch, Not macht erfinderisch. Ich habe mir ein Leerzimmer aufgerissen. Zugegeben, es ist nicht ganz legal gelaufen. Aber die Zeit wird für mich arbeiten. Vielleicht kann ich es behalten. Wenn nicht, suche ich mir was Neues.“
Als sie Kunzes mißbilligenden Blick bemerkt, legt Karin den Kopf schief und erklärt sachkundig: „Das ist eine landweit bewährte Methode. Meine Adresse liegt beim K-Dienst.“

Montag, 1. Oktober, 11 Uhr 15

Marga Heyse stürmt die zwei Treppen zur Wohnung der Schwägerin hoch. Sie hat am Wochenende ihren Husten mit Erfolg kuriert und will nun den verabsäumten Besuch nachholen. Oben angelangt, kramt sie verzweifelt in ihrer Handtasche nach dem Korridorschlüssel. Er hat sich, wie üblich, irgendwohin verkrochen. Sie schnauft vernehmlich vom

schnellen Lauf. Da der Schlüssel nicht auffindbar ist, schüttelt sie den Tascheninhalt kurzerhand auf dem Fußabtreter aus. Dann kniet sie sich zu Papiertaschentüchern, Bonbons, Puder, Keksen, Lippenstift und Fotografien. Alles Dinge, die sich in beängstigend kurzer Zeit immer wieder neu in ihrer Tasche ansammeln. Endlich entdeckt sie den Schlüssel. Er hat sich in der Außenhülle vom Portemonnaie verfangen. Mit flinken Fingern befördert sie alle Utensilien zurück in die Tasche und erhebt sich. Beim Aufschließen klingelt sie Sturm. Im Korridor hängt sie als erstes ihre Jacke an den Garderobehaken, dann ruft sie mehrfach ungeduldig nach Charlotte. Doch es bleibt still in der Wohnung. Suchend saust sie durch alle Räume. Es ist niemand zu Hause. Marga geht ins Wohnzimmer und setzt sich in den Großvatersessel am Fenster. Bestimmt ist Charlotte einkaufen, überlegt sie. Ich hätte in den Läden an der Ecke nachschauen können. Ganz bestimmt ist sie dort. Wo sonst sollte die Schwägerin sein.
„Na gut, beschäftigen wir uns solange“, murmelt sie halblaut und wippt sich entschlossen aus dem weichen Polster. Sie geht zur Blumenbank, nimmt die kleine Gießkanne und gibt „Charlottens Grünkoller“, wie sie die Kakteen- und Blumensammlung, die über die gesamte Wohnung hinwuchert, scherzhaft nennt, Wasser. Damit ihr das nicht langweilig wird, schaltet sie sich das Radio ein. Zwischen all der Gießerei läuft sie zwei-, dreimal zum Rundtisch und nascht von den Dattelweintrauben, die verführerisch in einer Kristallschale schimmern.
Plötzlich öffnet sich lautlos die Zimmertür.
„Was ist denn hier los“, ruft Charlotte Heyse. Sie schüttelt den Kopf beim Hereinkommen. „Stell bloß das Radio leiser!“
Marga schluckt ihren Schreck herunter. Sie hatte das Klappen der Flurtür völlig überhört. Dann hat sie sich gefangen, hebt zur Begrüßung eine Hand hinters Ohr und sagt mit dümmlichem Gesicht: „Das Radio ist dir zu leise? Na, wenn du meinst.“ „Flink läuft sie zum Apparat und dreht ihn laut. Charlotte ist entsetzt. Doch bevor sie was entgegnen kann, regelt Marga auf Zimmerlautstärke ein. Dann stürmt sie auf

Charlotte zu und umhalst sie freudig. Sie versucht die Schwägerin im Tanzschritt durch die Stube zu schwenken. Doch Charlotte befreit sich energisch. Sie hat im Augenblick nur Angst um die Eiertüte im Einkaufsnetz. Die muß vor Marga geschützt werden. Ist die andere erst einmal richtig in Schwung, läßt sie sich nur schwer bremsen, weiß Charlotte aus Erfahrung. Sie gibt ihr einen Kuß auf die Wange und sagt betont sachlich: „Komm schon, Alte, auspacken!" Sie drückt Marga das übervolle Netz in die Hand und dirigiert die Schwägerin unmißverständlich in Richtung Küche. Seufzend fügt sich die in die Normalität.

Während Charlotte Wasser für Kaffee aufsetzt, beginnt Marga die eingekauften Lebensmittel auszupacken und in die Speisekammer zu räumen.

„Ich habe neuerdings genug Trubel", sagt Charlotte vom Herd her. Marga stutzt. Das wäre ihr was ganz Neues. Daran glaubt sie nicht. Sie denkt, Charlotte will mit ihr einen Spaß machen und geht bereitwillig darauf ein.

„In deinem Alter, Charlotte", sagt sie scheinbar entrüstet. „Ich weiß ja nicht." Sie kichert.

Charlotte dreht sich leicht irritiert der Schwägerin zu. „Du bist auch nur ein halbes Jahr jünger", antwortet sie verunsichert.

„Natürlich. Aber ich empfange keine Herrenbesuche in meiner Wohnung. Jetzt ist mir klar, warum deine Blumen alle vertrocknen. Nur noch Männer im Kopf."

Nun hat Charlotte begriffen. Sie winkt ab. Die Schwägerin versucht, sie wieder einmal auf den Arm zu nehmen. Obwohl sie höllisch Obacht gibt, fällt sie darauf immer wieder herein.

Um dem Geplänkel eine unverfänglichere Richtung zu geben, fragt sie ihrerseits: „Rate mal, wo ich gestern war?"

Marga ist ahnungslos. Spontan rätselt sie: „Du hast Weintrauben gemaust, und dazu bist du über einen Gartenzaun geklettert."

„Unsinn! Die Trauben sind von Frau Schumann. Hat sie extra heute früh vorbeigebracht."

Marga spuckt demonstrativ aus. „Pfui Deibel! Das hätte ich

eher wissen sollen." Als sie Charlottes Stirnrunzeln bemerkt, fügt sie heftig hinzu: „Wen ich nicht leiden kann, den kann ich nun mal nicht ausstehen! Daß sie sich auf Ellis Beerdigung durchgefressen hat, kannst selbst du nicht leugnen. Schließlich war da nur für Verwandte gedeckt."
„Aber nur an unserem Tisch war noch ein einzelner Stuhl frei", nimmt Charlotte Frau Schumann in Schutz. „Was sollte sie denn machen?"
„Ist trotzdem kein Grund, sich durchzuschlauchen." Marga räumt klirrend die Kaffeetassen aus dem Schrank. „Die kann einem nicht einmal in die Augen sehen", trumpft sie auf.
„Woher willst denn du das wissen", entgegnet Charlotte strenger als beabsichtigt. „Du hast sie schließlich nur einmal kurz gesehen." Sie stukt die Zuckerdose hart auf das Tablett. „Ich war gestern mit Frau Schumann im Theater! Die Fledermaus."
Marga ist überrumpelt. Verdattert murmelt sie: „Heiliger Strohsack. Mein Charlottchen geht wieder aus." Unvermittelt, wie nach einem kurzen Gewitterguß, strahlt sie übers runzlige Gesicht. „Daß ich das noch erlebe!" Die Nachricht hat sie völlig verändert.
Auch Charlotte ist froh, daß die Verstimmung so schnell vorübergeht. Sie erstattet Marga einen ausführlichen Theaterbericht, welche Schauspieler, wie die Kostüme, wie die Musik. Dann sind die Leute aus dem Publikum an der Reihe. Danach das Glas Sekt in der Pause. „Das war wie mit Gustav", schwärmt sie beim Kaffeebrühen. „Frau Schumann hat viele tolle Ideen. Du, sie ist wirklich nicht so. Mein Kleid will sie mir auch abändern. Ist dir nie aufgefallen, daß ich viel zu schlampig herumlaufe? Gerade in unserem Alter ist es wichtig, mehr auf sich zu achten. Frau Schumann ist da ganz meiner Meinung."
Marga pfeift leise vor sich hin. Wortlos geht sie zum Fenster und sieht scheinbar interessiert auf die Straße hinunter. Die Begeisterung der Schwägerin läßt sie kalt.
„Das ist eine sehr nette Frau", verteidigt Charlotte die neue Bekanntschaft. „Überhaupt nicht eingebildet."

Marga macht keinerlei Anstalten, ihre Pfeiferei zu unterbrechen. Ein deutliches Zeichen, daß sie nichts mehr von der Sache hören will. Deshalb läuft Charlotte zu ihr und stupst sie derb freundschaftlich in den Rücken.
„Ich glaube, es wird höchste Zeit, daß wir mal miteinander ausgehen", lockt sie die andere. „Ich kenne da neuerdings ein Café! Einfach toll!"
Marga kann nicht länger schmollen. Sie ist vom Angebot überrumpelt und von Charlottes Herzlichkeit.
„Dich hat es aber gepackt", sagt sie lächelnd. „Nun scheint wohl endgültig Schluß mit Stube hocken und Trübsal blasen? Das kann mir nur recht sein." Sie freut sich ehrlich. Spontan gibt sie der Schwägerin einen herzhaften Kuß auf die Nase. Dann nimmt sie das Tablett vom Küchentisch, und beide gehen, nun wieder einträchtig, ins Wohnzimmer. Dort erinnert sich Marga plötzlich an den Brief aus Charlottes Briefkasten. Sie stellt das Tablett ab, läuft zu ihrer Handtasche auf dem Großvatersessel und bringt ihr das Kuvert. „Hätte ich fast vergessen. Der ist von deiner Tochter."
Während Marga den Kaffeetisch eindeckt, reißt Charlotte ungeduldig den Umschlag auf und liest. „Karla kommt wieder nicht", sagt sie tonlos. „Alfred muß am Wochenende für einen kranken Kollegen einspringen." Sie läßt den rechten Arm mit dem aufgefalteten rosa Briefbogen sinken. Ihre gespannte Körperhaltung wird schlaff. Sie setzt sich schwerfällig an den Kaffeetisch. „In letzter Zeit denke ich manchmal, seit Gisela hier studiert, kommt Karla noch seltener." Müde schiebt sie der Schwägerin den Brief hin. Marga reagiert ein bißchen zu schnell, als sie antwortet: „Red dir nichts ein. Bestimmt kommen sie dafür nächstes Wochenende."
Charlotte lächelt verzagt. „Ist schon in Ordnung. Du mußt mich nicht trösten. Schließlich weiß ich, was ich sage."
„Aber daß wir noch keine Kaffeelöffel auf dem Tisch haben, siehst du nicht", stellt Marga sachlich fest und hofft, die andere dadurch abzulenken. Sie steht auf und geht zum Büfett.
„Wenigstens kümmert sich jetzt Frau Schumann regelmäßig

um mich“, sagt Charlotte bitter. Ihre Gedanken kreisen um den Brief.
Marga räuspert sich. Dann gibt sie sich einen inneren Ruck und kommt zum Tisch zurückgelaufen. Sie umhalst Charlotte. „Bei Gelegenheit beschnarche ich mir deine Frau Schumann einmal aus der Nähe“, sagt sie friedfertig. „Vielleicht ist sie wirklich eine nette Person, und ich tue ihr Unrecht.“
Charlotte sieht hinter der Schwägerin her, als die zum Schrank geht, die Löffel holen.
„Hier fehlt ja einer“, sagt Marga verwundert.
„Den hast du letzte Woche verbummelt. Gib es nur ruhig zu.“
„Ich war überhaupt nicht hier“, verteidigt sich Marga. „Ich habe vorige Woche im Bett gelegen. Das weißt du doch.“
Charlotte ist nicht zu überzeugen. Sie bleibt dabei, daß Marga in ihrer Schusseligkeit den Löffel verlegt habe. Wäre ja nicht das erste Mal.
„Schau in deiner Handtasche nach“, fordert sie. „Vielleicht schleppst du ihn mit dir herum.“
Marga ist empört. Sie ist sich ganz sicher, daß bei ihrem letzten Besuch die Silberlöffel vollzählig waren. Als sie jedoch nebenher erfährt, daß der Löffel seit dem Besuch von Frau Schumann fehlt, flackert ihr Mißtrauen wieder auf. Angriffslustig sagt sie: „Hoffentlich hat sie dir nicht noch mehr geklaut bei ihrer außerordentlichen Bescheidenheit.“
Charlotte ärgert sich. So garstig war Marga schon lange nicht mehr. „Wenn du ständig mit mir stänkern mußt, hättest du besser zu Hause bleiben sollen“, sagt sie vorwurfsvoll. „Ich vertrage das nicht mehr.“
„Hast ja recht“, lenkt die Schwägerin ein. „Was geht uns die Schumann eigentlich an.“ Sie schlägt vor, gleich mit dem Fensterputzen zu beginnen, damit man auf andere Gedanken kommt.
„Frau Schumann will morgen alle Fenster putzen. Sie nimmt uns die schwere Arbeit ab“, entgegnet Charlotte harmlos.
„Was denn, das macht sie auch?“ Marga legt den Löffel nicht

gerade sanft auf den Tisch zurück. Danach schiebt sie die Tasse mit einem resoluten Ruck von sich weg, zur Tischmitte. „Kannst den Kaffee auch gleich für Frau Schumann aufheben", sagt sie wütend. „Ich komme lieber ein andermal, wenn es dir günstiger paßt."
Sie steht auf, wobei sie ihrem Stuhl einen kräftigen Stoß versetzt. Danach rauscht sie mit hocherhobenem Kopf aus dem Zimmer.
„Aber Marga!" ruft Charlotte verdattert hinter der Schwägerin her. Umsonst. Gleich darauf kracht die Korridortür laut ins Schloß.
Minutenlang hockt die alte Frau unbeweglich steif am Tisch. Diese Überempfindlichkeit kannte sie gar nicht von Marga. Sie sitzt still, lauscht und hofft, daß die andere auf der Treppe umkehrt und in die Wohnung zurückkommt. Nach einer Weile nippt sie verdrießlich an ihrem Kaffee. Er will nicht mehr so recht schmecken.

Montag, 1. Oktober, 13 Uhr

„Sie können sich hineinsetzen", sagt Frau Radtke zu Leutnant Mikulka. „Der Chef kommt sofort. Aber lassen Sie bitte die Tür offen."
Karin geht wortlos hinüber. Unschlüssig bleibt sie vor dem langen Tisch stehen, der an der Breitseite von Kunzes Schreibtisch anschließt. Sie überlegt, ob sie sich setzen soll. Richtig wohl fühlt sie sich hier nicht. Außerdem spürt sie den wachsamen Blick der Sekretärin im Rücken. Kurzentschlossen wendet sie sich dem Fenster zu. Das liegt vom Schreibplatz der Sekretärin aus im stumpfen Winkel und bietet Schutz vor neugierigen Augen.
Durch die Gardine verdeckt, sieht Karin Mikulka interessiert hinunter und überprüft den Sichtwinkel, den man von diesem Zimmer aus hat. Sie verzieht dabei ihr Gesicht über

diesen Hof. Wenn wenigstens ein paar Grasbüschel aus der Reihe wachsen würden, denkt sie. Zum Beispiel in den Erdritzen vom Steinplattenweg. Aber nicht einmal eine Pusteblume. Bedauernd hebt Karin die Schultern. Oder wenn es eine Wasserfontäne auf dem Hof geben würde statt dieser Bank, spinnt sie ihren Faden weiter. Dann bekäme der Diagonalweg eine sehr geziemliche, springbrunnenrunde Kugel in der Mitte. Karin lächelt. Das Klappern der Vorzimmertür ruft sie in die Wirklichkeit zurück. Sie dreht sich vom Fenster weg, bevor noch der Major das Zimmer betritt. Nach der Begrüßung setzt sie sich an den Konferenztisch und schlägt ihr Notizheft auf.
„Was gibt es Neues im Fall Elli Krause", erkundigt sich der Major, während er seinen Schreibtisch aufschließt und Arbeitsmaterialien hervorholt.
„Nichts von Bedeutung", erwidert die Kriminalistin wahrheitsgemäß. Sie hatte die Hausbewohner am Vormittag entweder in der Wohnung oder auf ihrer Arbeitsstelle aufgesucht und zum Bekanntenkreis von Frau Krause befragt. Keiner von ihnen erinnerte sich an eine grauhaarige Frau. Niemand wußte von einer neueren Freundschaft Elli Krauses. Die Anwohner waren eher verwundert. Sie kannten die alte Dame als zurückhaltend und fanden das Ganze höchst unwahrscheinlich.
Kunze scheint das Gehörte vorausgesehen zu haben. Er war von Anfang an mißtrauisch gegenüber Luise Spormanns Aussage. „Vielleicht wollte sie sich nur in den Vordergrund schieben", vermutet er. „So etwas gibt es doch öfter."
Dem kann die Kriminalistin nicht zustimmen. „Wer jahrelang am Türspion steht, bildet seine Beobachtungsgabe aus", sagt sie überzeugt. „Frau Spormanns Beschreibung von Marga und Charlotte Heyse war auffallend genau."
„Einverstanden. Die beiden Frauen hatte sie ja oft genug gesehen. Trotzdem muß das andere nicht stimmen. Sie lebt allein, keine Höhepunkte, nichts. Da kommen Sie, und plötzlich wird ihre Neugierde wichtig. Liegt es da nicht nahe, ein bißchen hinzuzuflunkern, um sich ins rechte Licht zu setzen?"

Natürlich hatte der Chef aus seiner Sicht recht. Solange es keine gegenteiligen Beweise gab, stand ihre Meinung gegen seine. Da war keine Einigung möglich. Einen Moment schwankt Karin, ob sie dem Major berichten sollte, daß die Suche in den Antiquitätengeschäften bisher erfolglos war. Sie entschließt sich, es nicht zu tun. Am Vormittag hatte sie in der Innenstadt drei dieser Geschäfte mit ihrer Chinatasse abgeklappert. Trotz sorgfältiger Überprüfung der Ankaufsbücher von September vergangenen Jahres an, nichts. Ein zeitaufwendiges und zugleich mühseliges Unterfangen, das nur Zweck hatte, wenn sie alle Läden lückenlos überprüfen würde. Im Anschluß blieben noch die An- und Verkaufsläden, die es dutzendweise in der Stadt gab. Die Nachforschungen werden eine geraume Weile in Anspruch nehmen, überlegt Karin.

„Paß- und Meldewesen hat heute beim Amtsleiter um Hilfe nachgesucht", informiert Major Kunze die Kriminalistin. „Die Karteimittel sind nicht mehr auf dem neuesten Stand. Todesfälle. Übersiedlungen." Er winkt ab. „Sie kennen sich ja aus, da muß ich Ihnen nichts erklären. Ich habe Sie für vier Tage in diese Abteilung abkommandiert, und von nächstem Montag an sind Sie der Arbeitsgruppe drei zugeteilt. Oberleutnant Lindwald fährt sechs Wochen zur Kur. Sie werden zusammen mit Leutnant Jäger das Arbeitsgebiet Leben und Gesundheit übernehmen. Nach den sechs Wochen sehen wir weiter. Die Anzeige Elli Krause bearbeiten Sie nebenher. Ich würde vorschlagen, daß Sie im Anschluß an unser Gespräch noch einmal Frau Spormann aufsuchen. Konfrontieren Sie sie mit der Tatsache, daß es niemanden gibt, der diese grauhaarige Frau kennt. Lassen Sie vom Techniker für die Akte Fotos vom Schuldschein fertigen und geben Sie dann den Schuldschein den Schriftgutachtern. Vielleicht können die was herausfinden, was uns weiterbringt. Sollten diese Maßnahmen zu nichts führen, stellen Sie die Akte vorläufig ein. Fertigen Sie auch ein Schreiben für die Familie Findeisen aus Weimar. Am Ende Ihrer Ermittlungen bekomme ich alle Unterlagen zur Unterschrift." Er sieht Karin Mikulka prü-

fend an. „Gibt es *grundsätzliche* Einwände?“
Das mit der Arbeitsgruppe war zu erwarten gewesen, deshalb ist die Kriminalistin auch nicht überrascht.
„Später möchte ich wieder in die Arbeitsgruppe, die Anzeigen gegen Unbekannt aufklärt“, sagt sie. „Da war ich auch, bevor man mich zur Schule delegierte.“
„Wir werden sehen“, antwortet der Major unbestimmt.

Montag, 1. Oktober, 14 Uhr

Karin Mikulkas Vermutung erweist sich als richtig. Die Toreinfahrt führt auf einen geräumigen Hof, von dem noch drei weitere Seiteneingänge abgehen. Gespannt mustert sie Fenster und dahinter hängende Gardinen. Dann entscheidet sie sich für den rechten Eingang und damit für die blinden Fenster im Hochparterre. Im Flur liest sie an der vergilbten Haustafel: Herta Schröder. Hochparterre, links!
Zufrieden steigt sie die wenigen ausgetretenen Holzstufen zur Wohnung hoch. Dort klingelt sie lang und anhaltend. Es öffnet niemand. Karin versucht es auch noch bei der Nachbarin, einer Frau Damaschke. Ohne Erfolg. Im Haus scheinen alle ausgeflogen.
„Ich hätte es ahnen müssen, daß heute noch mehr schiefläuft“, schimpft Karin halblaut vor sich hin. Einen Augenblick steht sie ratlos auf dem Treppenpodest. Vielleicht ist Frau Schröder nur einkaufen, überlegt sie und schwankt zwischen der Möglichkeit zu warten oder zu gehen. Sie entscheidet sich fürs Wiederkommen. Die freien Nachmittagsstunden mußten so rationell als möglich genutzt werden, denn in den nächsten Tagen blieben nur Abendstunden für eigene Ermittlungen. Trotzdem ärgert sich Karin, daß sie keinen antrifft. Da hätte sie dann doch noch einmal zu Luise Spormann gehen können, obwohl sie im voraus wußte, daß eine zweite Befragung unnütz sein würde. Die Kriminalistin

war sich sicher, daß Elli Krauses Nachbarin die Wahrheit sagte.
An der halboffenen Flurtür schiebt eine junge Frau einen Kinderwagen vorbei. Vielleicht kann sie weiterhelfen, überlegt Karin. Mit zwei Sätzen ist sie die Stufen hinunter und der Frau hinterher, bis in die Durchfahrt.
„Können Sie mir sagen, wo ich Frau Schröder finde?"
„Kenne ich nicht. Wer soll denn das sein?" Die junge Frau sieht sie verwundert an.
Karin nickt ergeben. Der Tag war wohl für sie nicht mehr zu retten. Eigentlich sollte sie es für heute bleiben lassen.
„Ich habe es auch bei Frau Damaschke versucht", sagt die Kriminalistin und gibt damit dem Nachmittag eine letzte Chance, sich von einer freundlicheren Seite zu zeigen.
„Oma Damaschke ist um diese Zeit im Garten", erklärt die junge Frau. „Kommen Sie! Ich zeige Ihnen, wo es lang geht."
Sie greift nach dem Kinderwagen und schiebt ihn auf die Straße hinaus. Dabei erzählt sie, daß sie erst seit einem Vierteljahr im Hinterhaus wohnt. „Soviel ich weiß, steht die Wohnung neben Oma Damaschke leer", sagt sie. „Aber da kann sie Ihnen sicher viel genauer Bescheid geben. Sie lebte schon vor dem Krieg im Seitenflügel."
Die junge Frau bleibt an der Bürgersteigkante stehen und zeigt die mit Linden bewachsene Straße hinunter.
„Vorn an der Straßenkreuzung müssen Sie rechts abbiegen", erläutert sie. „Dann immer der Nase nach, bis die Gärten anfangen. Dort ist es der zweite Garten auf der linken Seite. Der mit den vielen Rosen. Es ist nicht zu verfehlen."
Karin Mikulka bedankt sich erfreut und schlägt die angedeutete Richtung ein. Bei jedem Schritt raschelt gelbes Laub unter ihren Füßen. Die Bäume werfen bereits letzte Blätter ab. Karin mag Raschellaub. Besonders von Linden. Das erinnert an Kindheit. Erinnert an die Straße, in der sie aufgewachsen ist. Erinnerte aber auch an den alten Herrn Liese, der jeden Tag um die gleiche Zeit die Straße entlangstiefelte, bis hin in den nahe gelegenen Park. Opa Liese hatte den aufregendsten Beruf, den sie sich als Kind vorstellen konnte. Er zauberte

mit Wasser! Aus heutiger Sicht nimmt sich das etwas nüchterner aus, dieses An- und Abstellen von Wasserfontänen. Aber damals war Opa Liese das Maß in ihrer Kindheit. Er war verläßlich wie ein Uhrwerk. Ob er am Anfang ihrer Wohnstraße oder bereits kurz vor deren Ende lief, entschied jeden Morgen darüber, ob der Schulweg im Dauerlauf zu nehmen war oder ob ein bißchen Bummelzeit verblieb. Wenn Opa Liese am Abend diesen Weg zum zweiten Mal ging und das Wasser für die Fontänen abstellte, war auch Karins Tag zu Ende. Die Spielzeit war abgelaufen. Dann mußte sie nach Hause. Abendbrotzeit. Karin Mikulka lächelt. Sie hüpft ein Stück durch das Herbstlaub, bevor sie sich wieder besinnt und ein zügigeres Lauftempo anschlägt.

Fünf Minuten später steht sie vor dem gesuchten Garten. Ein schnurgerader Kiesweg trennt das Gelände in zwei gleichgroße Teile und führt auf eine grüngestrichene Laube im Gartenhintergrund. Erstaunlich, wie viel noch im Garten blüht. Neben der Bank an der Laube ranken gelbe Kletterrosen. Am Zaun leuchten weiße und rosafarbene Heckenrosen. Auch die kleinen und großen Rosenbüsche inmitten von Rasen blühen noch. Das Dunkelrot und Lachsfarben und Rosé täuscht einen leicht über die vorgeschrittene Jahreszeit hinweg, findet Karin. Bereitwillig läßt sie sich einfangen, lehnt einfach am Zaun und schaut.

Die weißhaarige Frau im Garten hat sie noch nicht wahrgenommen. Sie steht halb mit dem Rücken zu ihr und begießt sorgfältig Blätter einer hochstämmigen Rose. Ein Stück entfernt steht ein Wassereimer auf dem Rasen. Karin Mikulka schätzt die Frau auf Mitte Siebzig. Ihre Füße mit den dicken grauen Wollsocken stecken in Holzpantinen. Sie trägt eine karierte Kittelschürze. Die weißen Haare hängen glatt herab und sind kurz über der Schulter abgeschnitten.

Als die alte Frau zum Wassereimer geht, entdeckt sie Karin Mikulka, die gerade die Gartentür hinter sich einklinkt. Sie überschattet die Augen gegen die Sonne, will die Fremde so besser ausmachen. Dann kommt sie ihr entgegen.

Die Kriminalistin begrüßt die alte Frau und erkundigt sich,

ob sie im richtigen Garten sei. Frau Damaschke bestätigt es. „Eigentlich suche ich Herta Schröder", erklärt Karin. Aber es hat niemand geöffnet. Eine junge Frau aus dem Hinterhaus hat mich an Sie verwiesen."
Frau Damaschke zieht aus der Schürzentasche bedächtig ein Taschentuch hervor und schnaubt dann ein wenig zu lange. Sie mustert die fremde Frau über das Tuch hinweg. Nachdem sie es wieder in der Kittelschürze verstaut hat, fragt sie mißtrauisch: „Was wollen Sie denn von Herta?"
Ihre anfängliche Freundlichkeit ist aus dem Gesicht verschwunden. Abweisend sagt sie: „Herta ist seit einem halben Jahr tot!" Kleine flinke Augen beobachten die Reaktion der anderen.
Die zieht verärgert die Augenbrauen zusammen. So ein dummer Patzer muß ausgerechnet mir passieren, denkt Karin wütend. Ich hätte bereits bei der jungen Frau mit dem Kinderwagen hellhörig werden müssen. Na egal, passiert war es nun einmal. Jetzt kommt es vor allem darauf an, das berechtigte Mißtrauen von Frau Damaschke zu zerstreuen.
„Ich bin Leutnant Mikulka von der Kriminalpolizei", stellt sie sich vor und hält Frau Damaschke zur Bestätigung den Dienstausweis hin. Die alte Frau beugt sich vor, um besser lesen zu können. Gewissenhaft vergleicht sie das Bild im Ausweis mit der vor ihr stehenden Frau. Geduldig wartet Karin das Hin und Her der Augen ab. Sie fügt sich in die gründliche Prüfung, und die alte Frau scheint sich zu beruhigen.
„Sie bringen wohl das Geld?" fragt sie neugierig. Die Kriminalistin verneint.
„Na, kommen Sie erst mal", fordert Frau Damaschke. „Wir gehen zur Laube. Im Sitzen redet es sich besser. Meine Blattläuse können den Moment warten."
Während beide auf die Bank zulaufen, erzählt Frau Damaschke die Story ihrer erfolgreichen Läusebekämpfung. „In diesem Jahr war es besonders schlimm", endet sie den kurzen Exkurs.
„Gibt es denn um diese Zeit überhaupt noch welche?" wundert sich Karin, die von solchen Dingen wenig Ahnung hat.

„Vorbeugen ist genauso wichtig. Man muß nicht erst warten, bis alle Rosen vollsitzen." Sie stellt die Gießkanne neben sich auf die Bank. „Die kommen immer vom Nachbarn herüber. Aus dem Holunder. Aber bei mir werden die nicht alt. Ich weiß ein wirksames Hausmittel!"
Sie klopft mit dem Knöchel gegen die Gießkanne. „Brennesselsud! Das schreckt die stärkste Laus ab."
„Ich weiß ja nicht", paßt sich Karin dem Gesprächston an. „Hier blüht alles wie im Hochsommer. Ich kann keinen Schädlingsfraß entdecken."
„Das ist aber auch ein Stück Arbeit, bis man den Garten so weit hat", antwortet Frau Damaschke stolz. „Wenn es die Gesundheit erlaubt, bin ich jeden Tag hier."
Sie sieht die Kriminalistin forschend an. „Sie sind doch nicht gekommen, um sich Geschwätz über Ungeziefer anzuhöhren. Was wollten Sie denn von Herta?"
„Recht muß Recht bleiben", sagt Karin Mikulka vorsichtig. „Ich habe die Akte Schröder gelesen. Der Vorgang wurde Ende Februar vorläufig eingestellt. Frau Schröder erhielt schriftlich Bescheid. Ich denke heute, es war doch eine Straftat!"
Frau Damaschke nickt zustimmend. Danach zieht sie die Haarklemmen aus dem feinen Haar und steckt es neu zu beiden Seiten aus dem Gesicht.
„Das mit Herta war allein meine Schuld", beginnt sie stokkend. „Ich habe mich zu wenig um sie gekümmert. Meistens saß sie auf der Bank an der Ecke, wenn ich aus dem Garten kam. Manchmal setzte ich mich dazu. Dort muß sie auch diese Frau Schumann kennengelernt haben. Ich glaube, es war Anfang Dezember, als die Tage so mild waren."
Bei dem Namen durchzuckt es Karin Mikulka. Eine fiebrige Unruhe faßt nach ihr, ganz im Gegensatz zu Frau Damaschke, die bedrückt vor sich hin sinnt. Es ist deutlich zu bemerken, wie schwer es der alten Frau fällt, die schlimmen Erinnerungen wieder hervorzuholen.
Obwohl es die Kriminalistin drängt, durch Fragen den Redefluß neu anzuregen, verhält sie sich während der Schweigepause vollkommen ruhig. Sie weiß, sie darf den Gedankenfa-

den ihrer Gesprächspartnerin nicht durch ungeduldiges Fragen zerstören. Sie hat in ihrem Beruf Warten gelernt. Aber das war nicht immer so: Karin rechnet kurz nach. Es ist jetzt acht Jahre her seitdem. Damals hatte sie gerade ihre zweijährige Einarbeitungszeit hinter sich, als man ihr den Fall Vendulin Voß übertrug. Dieser Name hat sich ihr als Erfahrung tief eingeprägt. Er war unvergessen. Es ging dabci um schweren Einbruchsdiebstahl in einem Uhren- und Schmuckgeschäft. Vendulin Voß war der Tat dringend verdächtig. Aber es fehlte an Beweisen. In stundenlanger Vernehmung versuchte Karin Mikulka dem Voß ein Geständnis abzuringen. Vergebens! Frech und anmaßend tischte er ein Märchen nach dem anderen auf. Gegen Mitternacht brach die Kriminalistin die Vernehmung ab. Beide waren am Ende ihrer Kräfte. Voß wurde abgeführt. Leer und ausgepumpt verließ Karin ihr Zimmer. An der Hauptwache holte sie das Telefongespräch aus der Haftanstalt ein. Vendulin Voß war bereit, auszusagen! Doch Karins Zuhörbereitschaft war auf dem Nullpunkt angelangt und auch ihre Geduld und ihr Fingerspitzengefühl für Situationen. Das hat Zeit bis morgen! So entschied sie sich für ihre Müdigkeit. Es sollte sie teuer zu stehen kommen. Im folgenden Vierteljahr sammelte Karin mühsam Beweis auf Beweis. Sie hatte den Punkt, an dem Vendulin Voß bereit war auszusagen, fahrlässig verstreichen lassen. Eine Lehre fürs Leben.

„Ich erfuhr erst von dem Geld, als alles zu spät war", beginnt Frau Damaschke mit ihren Ausführungen. „Dabei wohnten wir dreißig Jahre Tür an Tür." Sie schüttelt heftig den Kopf, als begreife sie dies noch immer nicht. „Zuerst hatte Herta zweitausend Mark hingegeben. Angeblich für einen kleinen Garten mit Laube. Sie wollten gemeinsam Erdbeeren pflanzen und viele Blumen. Genau wie bei mir sollte es werden."

Frau Damaschke zieht wieder ihr Taschentuch hervor und schneuzt sich. Danach behält sie es in der Hand und knüllt es mit den Fingern immer neu zusammen.

„Drei Wochen später holte sich die Schumann die restlichen eintausendsiebenhundert Mark von Herta. Sie redete ihr ein,

die Laube sei aus massivem Holz, und deshalb verteuere sich das Ganze. War alles Schwindel! Aber das ahnte Herta natürlich nicht. Mit zwei Schuldscheinen in der Hand nahm sie fest an, alles habe seine Richtigkeit."
Erregt faßt Frau Damaschke nach Karin Mikulkas Arm. „Wenn sie mich nur *vorher* eingeweiht hätte. Aber nicht die kleinste Andeutung. Es sollte eine Überraschung werden."
Die Mundwinkel sind von einer bitteren Falte gekerbt, als sie die Kriminalistin hilfesuchend ansieht.
„Wissen Sie, wo diese Frau Schumann wohnt?" fragt Karin behutsam.
„Sie kam immer mit der S-Bahn aus M."
„Und wie alt ist die Frau?"
Frau Damaschke überlegt, sagt dann: „Sie war noch jung. Etwa fünfzig."
Karin zieht erstaunt die Augenbrauen hoch. Die alte Frau lächelt, als sie es bemerkt. „Ich werde nächsten Monat dreiundachtzig", erklärt sie. Dann ist sie still, sinkt langsam in sich zusammen. Nach einer geraumen Weile sagt sie traurig: „Es ist alles meine Schuld. Herta ist von der vielen Warterei krank geworden. Da hat sie es mir endlich erzählt. Gemeinsam kehrten wir in Hertas Wohnung das Unterste zuoberst. Die Schuldscheine blieben verschwunden. Mitte Februar bin ich dann zur Polizei gegangen. Ich konnte es nicht mehr mit ansehen, wie sich Herta kaputt hoffte. Als die kamen, stritt sie alles ab. Mich bezeichnete sie vor den Kriminalisten als Lügnerin. Ich habe mich für Herta schrecklich geschämt."
Bekümmert zuckt Frau Damaschke die Schultern. „Da war nichts zu machen. Bloß hinterher, als wir wieder allein waren, gab sie mir recht. Es war Klauerei. Hundsgemeiner Diebstahl. Aber sie wollte nichts mehr mit der Behörde zu tun haben in ihrem Alter."
Leider versteht Karin nur zu gut. „Können Sie Frau Schumann beschreiben? Wie trägt sie die Haare? Wie groß ist sie? Ihr Aussehen? Alles, was Ihnen dazu einfällt."
Frau Damaschke konzentriert sich. Sehr sicher behauptet

sie: „Die Frau ist größer als allgemein üblich. Graue Haare. Dauerwelle." Sie wird eifriger, kommt fast ins Schwatzen: „Was mir am meisten an ihr auffiel, waren die großen Füße", sagt sie. „Die schleppt viel Dreck in die Wohnung, dachte ich öfter. Aber eigentlich bemerkte ich das nur, wiel sie so kurze, kräftige Schritte machte. Mit so einem Bein kann man doch ordentlich ausschreiten, ging es mir immer wieder durch den Kopf, wenn ich sie von meinem Küchenfenster aus beobachtete. Da muß man doch nicht so trippeln."
Karin ist mit einem halben Gedanken bei ihrer Zeitplanung. „Ich komme nächsten Montag um elf Uhr", entscheidet sie. „Dann bringe ich einen Zeichner von uns mit. Vielleicht kriegt er nach Ihren Angaben ein Bild zustande. Es würde die Suche nach der fremden Frau wesentlich erleichtern."
„Ja, wenn so etwas geht", Frau Damaschke reagiert unsicher.
„Woran ist denn Frau Schröder gestorben? Können Sie sich noch an das Sterbedatum erinnern?"
„Es ist am sechzehnten März passiert. Ich war nicht zu Hause. Meine Freundin hatte Geburtstag. Dadurch erfuhr ich es erst am nächsten Tag. Da hatte man sie schon weggeschafft. Der Abevau erzählte es mir, als er die Wohnung versiegelte. Sie soll den Flur gebohnert haben. Dann ist der leichte Teppich mit ihr weggerutscht. Sie ist mit dem Hinterkopf auf der Türklinke aufgeschlagen. Schrecklich!"
Einen Augenblick überlegt die alte Frau angestrengt. Es ist deutlich zu sehen, daß sie mit sich kämpft, ob sie weiterreden soll. Da Karin ihr aufmunternd zunickt, sagt sie ein wenig unsicher: „Ich begreife nicht, was Herta am letzten Tag in den Kopf gekommen war. Sie hatte eine Heidenangst vorm Hinfallen. Deshalb bohnerte sie niemals unter den Teppichen. Vor allem nicht unter dem schmalen Läufer auf dem Korridor. Der lag so schon nicht sehr trittfest." Sei schaut nachdenklich auf ihre Finger, sagt dann: „Vor dem Versiegeln ist der Abevau noch mit mir als Zeuge in die Wohnung. Er wollte überprüfen, ob alle Fenster ordentlich zugeklinkt waren und Wasser und Gas abstellen und die Sicherungen

herausdrehen. Mir fiel dabei auf, daß alle Zimmer frisch saubergemacht waren. Als wenn sie es geahnt hätte. Das war mir richtig unheimlich. Und noch etwas war merkwürdig. In der Küche standen zwei abgewaschene Tassen und zwei Kuchenteller im Spülbecken. Im ersten Moment dachte ich sofort an Frau Schumann. Die hatte ja vordem immer beim Großputz geholfen. Aber das war natürlich Unsinn. Wo sollte die so plötzlich nach all der vergangenen Zeit hergekommen sein."

Karin Mikulka fällt ein Stein vom Herzen. Sie atmet auf. Endlich gab es neue Anhaltspunkte für die Existenz dieser Frau! Herr Jansen sprach von einer Frau Schumann, die Anna Linders besuchte. Jetzt konnte man davon ausgehen, daß die identisch war mit der Frau, die Herta Schröder abkassierte. Diese Frau Schumann lief mit auffallendem Trippelschritt trotz ihrer Größe, überlegt Karin. Der Rentner Jansen sprach von einer großen Rothaarigen, die ihr rechtes Bein nachschleppte. Vielleicht hatte die Täterin in beiden Fällen ihre Gangart verstellt. Das würde auch erklären, warum die Frau mit dem Päckchen nicht ermittelt werden konnte. Außerdem erhärtet sich dadurch die Vermutung, daß sie mit Perücke arbeitete. Also handelt es sich hier um eine sehr raffiniert vorgehende Täterin. Es würde Mühe machen, sie aufzuspüren. Sie mußte mit den neuen Ermittlungsergebnissen sofort zum Major.

Dienstag, 2. Oktober, 11 Uhr

„Das ist wie in alten Zeiten", sagt Charlotte Heyse zu Frau Schumann, die am Fenster auf der Leiter steht und die oberen Scheiben blank reibt. Frau Schumann hat ihren Recorder mitgebracht. Die altbekannten Operettenmelodien von Kassette wecken Erinnerungen in ihr, und der ungewohnte Rotwein macht beschwingt. Außerdem empfindet sie es noch immer als Wunderding, daß jetzt jemand häufiger um sie ist, ihr

bei der Arbeit hilft, und sie auch sonst verwöhnt. Sicher ist das ihrer Schwägerin gegenüber nicht ganz gerecht. Aber was die nach Gustavs Tod vergeblich versuchte, passiert nun wie von selbst. Charlotte hat neuerdings das Gefühl, sie könne die Welt einreißen. Plötzlich versteht sie nicht mehr, weshalb sie die vielen Jahre freiwillig in der Wohnung gehockt hat.
Die alte Frau läßt den Lappen zum Abseifen der Fensterrahmen in den Eimer fallen, wischt die Hände an der Schürze trocken und holt ein Foto aus dem Büfett. „Ich habe mein Hochzeitsbild herausgesucht", sagt sie und geht zur Leiter.
Bereitwillig unterbricht Frau Schumann die Putzerei und steigt die paar Stufen herunter. „Er sieht aber gut aus", lobt sie.
Charlotte Heyse lächelt erfreut. „Mit Gustav konnte ich angeben", sagt sie stolz und trägt das Bild an seinen Platz zurück.
Das mit dem Foto ist eigentlich nur der Überleitungssatz zu ihrem Kummer. Noch immer bedrückt sie der Zank vom Vortag. Sie muß unbedingt mit jemandem darüber reden. „Gestern war meine Schwägerin hier", sagt sie zögernd.
„Ist sie denn schon wieder gesund?"
Charlotte Heyse druckst ein bißchen, bevor sie bekennt: „Marga kam zum Fensterputzen. Wir machen das schon seit Jahren gemeinsam. Ich glaube, sie war tüchtig verärgert."
Frau Schumanns schnellem Blick entgeht nicht, daß die alte Frau von schlechtem Gewissen geplagt wird. Scheinbar spontan antwortet sie: „Wenn das so ist, bleibe ich lieber weg!" Sie hängt den Lederlappen über eine Leitersprosse und beobachtet dabei die Wirkung ihrer Worte.
„So habe ich das nicht gemeint", sagt Charlotte Heyse erschreckt. Sie fürchtet ein neuerliches Mißverständnis. Deshalb erklärt sie hastig: „Marga hat sowieso wenig Zeit für mich. Sie kennt zu viele Theaterleute von früher, dann hat sie Kosmetik und Friseur ... Sie ist immerzu beschäftigt."
Bittend fügt sie hinzu: „Sie müssen unbedingt bleiben. Sonst

weiß ich wieder nichts mit mir anzufangen. Obwohl ..." Die alte Frau lächelt verschmitzt, gesteht dann: „Am Sonntag war ich tatsächlich allein im Cafégarten. Das hätte ich mir nie träumen lassen."
Frau Schumann holt die halbvollen Rotweingläser von der Anrichte. Beim Anstoßen fragt sie scherzhaft: „Haben Sie noch mehr solche heimliche Ausflüge verbrochen?"
Die alte Frau winkt belustigt ab. „Ich bin froh, daß wir uns kennengelernt haben", sagt sie ehrlich. „Allein weggehen ist nur die halbe Freude." Danach erzählt sie der anderen, daß die Tochter wieder einmal abgeschrieben habe. „Es ist immer das gleiche", sagt sie. „Erst heilige Versprechen und kurz vor dem Besuch dann Absagen. Überhaupt ist in den letzten Tagen alles schiefgelaufen", fügt sie bekümmert hinzu. „Sonnabendabend habe ich vergeblich mit dem Essen auf Gisela und Mike gewartet. Sie waren bis heute noch nicht da. Keine Entschuldigung und nichts. Ich weiß nicht, was los ist. Schade um die viele Arbeit, die ich mir immer wieder mache."
Um Charlotte Heyse über ihre Traurigkeit hinwegzuhelfen, fragt Frau Schumann rasch nach dem Wochenendbraten. „Was sollte es denn Schönes geben?"
„Kaßler in Bienenhonig!"
Frau Schumann stutzt. „Und das soll schmecken? fragt sie ungläubig. „Süßes Fleisch?"
Die alte Frau gibt ihr Rezept bereitwillig preis. „Es wird in der Backröhre angerichtet", erklärt sie. „Wenn der Braten fast gar ist, wird er dick mit Bienenhonig bestrichen und noch einmal hineingeschoben. Nach zehn Minuten, einer Viertelstunde ist er dann knusprig braun, und der süße Geschmack ist verschwunden. Natürlich müssen die Nelken, mit denen der Braten rundherum gespickt ist, herausgezogen werden, bevor der Honig hinzugegeben wird. Ich kann Ihnen sagen, da lecken Sie sich alle fünf Finger nach!"
„Hören Sie auf", stöhnt Frau Schumann. „Das hält ja kein Mensch aus." Sie schluckt kräftig, während sie Rotwein nachgießt. „Prösterchen!"
„Mein Mann und ich, wir haben eine kleine Gastwirtschaft

geführt. Bei Marga im Haus. Manchmal kamen Leute von weit her wegen meiner guten Küche. Selbstverständlich auch wegen Gustav. Der war bekannt dafür, daß er die Gaststube pausenlos unterhielt. Es war eine schöne Zeit! Deshalb fiel mir auch vor zwei Jahren die Entscheidung so schwer, aus meiner alten Vier-Zimmer-Wohnung auszuziehen. Jetzt hoffe ich immer noch, daß die Stadt ein Ehepaar findet, das die Wohnung und die angrenzenden Gastwirtschaftsräume wieder in Schwung bringt. Ich fände es schade, wenn alles verkommen würde."

„Sie haben doch bestens getauscht. Bei einer Zwei-Zimmer-Wohnung mit Bad und Balkon, da hätte ich auch zugegriffen. Außerdem wohnen Sie hier verkehrsgünstig. Die Gegend ist ruhig. Ganz in der Nähe beginnt das Naturschutzgebiet mit den vielen Wanderwegen und Parkbänken. Ich glaube, schöner konnten Sie es in der ganzen Stadt nicht finden."

„Eigentlich gab die Gasheizung den Ausschlag", gesteht die alte Frau. „Sonst wäre ich nicht umgezogen. Einen alten Baum soll man nicht verpflanzen. Am Anfang fehlten mir das Zentrum und Marga sehr. Es sind immerhin fünfundzwanzig Minuten mit der Straßenbahn bis in die Stadtmitte. In meinem Alter überlegt man schon, bevor man losgeht. Jetzt bin ich ausgesöhnt mit meiner stillen Straße und mit den hundertjährigen Platanen. Es ist zu komisch, aber heute nervt mich der Trubel in der Innenstadt."

Frau Schumann nickt zustimmend. Sie stellt ihr Glas auf dem Tisch ab. „Genug geschwatzt, sonst werden die Fenster nicht mehr fertig", sagt sie und steigt wieder auf die Leiter. Auch Charlotte Heyse begibt sich wieder zu ihrem Fenster und seift es weiter ab. Eine Weile bleibt es still zwischen ihnen. Jeder hängt eigenen Gedanken nach.

Frau Schumann unterbricht als erste das Schweigen. Forsch sagt sie: „Ich könnte einen Skoda kaufen. Fast neu."

„Das wäre ja wunderbar!"

„Vor allem jetzt, wo der Winter vor der Tür steht. Die Fahrerei mit der S-Bahn ist mit der Zeit doch recht beschwerlich." Sie sieht prüfend zu der anderen. Aber die dreht ihr gerade

den Rücken zu. „Ein Skoda war schon immer mein Traum. Wir hatten früher einen Trabbi. Aber wenn man älter wird. Ein Skoda ist bequemer."
„So ein Auto ist sicherlich sehr teuer", erkundigt sich die alte Frau voll Interesse.
„Das ist der springende Punkt", gibt Frau Schumann ohne Scheu zu. „Mir fehlen noch neuntausend Mark."
Charlotte kommt langsam heran. „Das ist eine Menge Geld", sagt sie, und ihre Stimme klingt bedenklich.
„Wie war das gleich? Wo wohnt Ihre Tochter?"
„In Finsterwalde!"
„Ach, du liebe Güte. Mit dem Zug ist das aber sehr weit."
Frau Schumann steigt von der Leiter und schiebt sie zur Seite. Sie beginnt die unteren Fensterscheiben klar zu wischen. Nebenher erzählt sie: „Mitte Januar ist meine Lebensversicherung fällig. Das wäre ein knappes Vierteljahr. Leider will der Autoverkäufer nicht so lange warten. Es ist eine einmalige Chance für mich. Ein Fahrzeug ohne Überpreis. Nicht so, wie auf dem Automarkt, wo man noch ein paar Tausender draufzahlen muß für nichts. Aber wer borgt mir für diesen Zeitraum Geld?" Sie sieht Charlotte Heyse fragend an.

Dienstag, 2. Oktober, 16 Uhr 25

Leider ergab sich für Leutnant Mikulka am Vorabend keine Möglichkeit, Major Kunze zu erreichen. Er befand sich in einer Außenstelle im Bezirk und würde von dort, laut Auskunft der Sekretärin, nicht mehr ins Amt zurückkehren. Auch sein heutiger Zeitplan war lückenlos ausgefüllt; vormittags Vortrag vor den Offiziersanwärtern, nach dem Mittagessen Beratung beim Amtsleiter. Das alles schreckte Karin wenig. Sie ließ sich nicht abweisen.
„Ich muß den Chef unbedingt sprechen", sagte sie zu Frau Radtke. „Es ist wichtig!" Daraufhin bot ihr die andere einen

Termin um 16 Uhr 30 an. Selbstverständlich nur unter Vorbehalt, denn die Zeit war nicht mit Kunze abgestimmt.
So begann die Kriminalistin am Morgen erst einmal ihren Dienst in der Abteilung Paß- und Meldewesen. Die Frauen, die dort aushelfen sollten, machten sich untereinander bekannt, dann erklärte die Leiterin der Sonderaktion, eine brünette Frau Ende Vierzig im Rang eines Hauptmanns, was zu tun war. Mitten hinein fragte Karin Mikulka plötzlich, ob man sich spaßeshalber den zu kontrollierenden Buchstaben aussuchen könne. „Ich würde zum Beispiel S-c-h wie Schule bevorzugen“, sagte sie ernsthaft. „Ich liebe Namen wie Schaller, Scheller, Schiller, Scholz und Schulz!“
Einige der Frauen kicherten albern, fanden den Vorschlag ganz ulkig, bei der Arbeitsaufteilung mitbestimmen zu können. Zögernd nannten sie ihre Lieblingsbuchstaben.
Die Chefin stutzte über Karins Bitte. Tatsächlich wollte sie am Buchstaben S zwei Leute beschäftigen. Doch darüber hatte sie noch nicht gesprochen. Sie beabsichtigte, den Buchstaben wegen des Arbeitsumfanges zu teilen in S und S-C-H. Sie entnahm Karins Äußerung, daß sie sich im Dienstbereich Paß- und Meldewesen auskannte. Vielleicht hatte die Kriminalistin früher einmal im gleichen Bereich gearbeitet, vermutete sie und stimmte dem Vorschlag zu, da sie den Frauen die kleine Freude nicht verderben wollte.
Jetzt ist es 10 Minuten vor halb fünf. Karin Mikulka rutscht ungeduldig auf ihrem Stuhl hin und her. Die Zeit will einfach nicht vergehen. Auf ihrem Schreibtisch liegen nur noch die Unterlagen, die sie beim Gespräch mit Major Kunze brauchen würde. Sie ist froh, daß der Nachmittag nun endlich da ist. Tagsüber hatte sie Berge von Meldescheinen abgearbeitet und auf die dafür zuständigen Karten übertragen. Zwischendurch häufige Kontrolle von Vermerken mit Karteimitteln aus den hohen Aktenschränken. Eine monotone, langweilige Tätigkeit, die ihre Spannung ausschließlich daher bezog, daß Karin heimlich Namen und Adressen aller weiblichen Schumanns aus M. herausschrieb. Es waren sieben Frauen. Ihr Alter lag zwischen fünfunddreißig und sech-

zig. Sollte die geplante Besprechung mit Kunze aus irgendwelchen Gründen verschoben sein, konnte sie am Abend mit der Überprüfung der Anschriften beginnen, hatte sie sich überlegt. Drei Schumann-Adressen kannte sie ohnehin schon. Die hatte sie sich am Vorabend auf der Hauptpost aus dem Telefonbuch herausgesucht.
Immer ungeduldiger und nun schon zum wiederholten Male sieht Karin zur elektronischen Uhr über der Tür. Hoffentlich kann ich den Major überzeugen, denkt sie, und geht in Gedanken noch einmal alle Fakten durch. Danach erhebt sie sich entschlossen und verläßt den Raum.
Frau Radtke betätigt die Rufanlage und informiert ihren Chef, der erst vor fünf Minuten eingetroffen ist und der ausdrücklich in der nächsten Stunde nicht gestört sein wollte.
„Leutnant Mikulka bittet um eine Unterredung. Sie sagt, es sei dringend. Äußerst dringend! Sie hat bereits gestern abend um einen Termin nachgesucht." Erklärend fügt sie hinzu: „Sie waren so schnell in Ihrem Zimmer verschwunden, daß ich es Ihnen noch nicht sagen konnte."
Erst nach einer geraumen Weile hört man ein Knacken in der Leitung und Kunzes ungehaltene Stimme: „Soll reinkommen!"
„Er hat nicht seinen besten Tag", warnt die Sekretärin. „Die Amtsleiterberatung ist schuld." Sie beugt sich der Kollegin ein Stück entgegen und flüstert vertraulich: „Es gab Ärger wegen der geringen Aufklärung im September."
Karin zuckt die Schultern. Er wird mir trotzdem zuhören müssen, denkt sie und kann nicht behaupten, daß sie sich im Augenblick besonders wohl in ihrer Haut fühlt.
„Mein Bericht wird ihn auch nicht gerade erheitern", sagt sie laut zu Frau Radtke. Das genügt der erfahrenen Sekretärin. Sie sieht zu, wie die junge Kriminalistin die Polstertür hinter sich ins Schloß zieht. Hoffentlich hat sie nicht wieder etwas angestellt, sagt sie sich.
Nach der Begrüßung setzt sich Karin Mikulka an den Konferenztisch vor Kunzes Schreibplatz. Aus ihrer Umhängetasche holt sie einen Ordner hervor und legt ihn

vor sich auf den Tisch.
„Wie lief es denn heute in der fremden Abteilung?" erkundigt sich der Major. „Sie sehen ein bißchen angestrengt aus."
„Wenn dieser Fall hier geklärt ist, wird es mir hoffentlich besser gehen", antwortet Karin und lächelt unsicher, während sie den Aktendeckel aufschlägt. Doch dann ändert sich ihre leicht schlaffe Sitzhaltung. Plötzlich wirkt sie hochkonzentriert. Der Major ahnt, daß es eine längere Unterredung geben wird. Er lehnt sich während Karins Vorbereitungen bequem in seinem Schreibtischstuhl zurück.
„Mir wäre lieb, Sie würden mich bei meinen Ausführungen nicht unterbrechen", sagt sie. „Ich habe gegen Ihren Befehl weiter ermittelt im Fall Herta Schröder, und ich war auch noch einmal bei Herrn Jansen im Krankenhaus."
Kunze macht eine ungeduldige Handbewegung. Er möchte, daß sie zum Kern der Sache vorstößt. Erst dann würde er entscheiden.
„Es handelt sich immer noch um das Stadtgespenst", beginnt Karin mit ihren Informationen. „Nach neueren Erkenntnissen – belegt von Herrn Jansen und einer Zeugin im Fall Herta Schröder – nennt sich das Stadtgespenst Schumann. Die Frau arbeitet immer nach der gleichen Tatmethode, daß heißt, hier muß man von ein und derselben Täterin ausgehen. Sie erschwindelte sich in den vorliegenden Fällen unter Versprechungen Geld und schrieb dafür Schuldscheine aus."
Karin macht eine kleine Pause. Da der Major jedoch nicht reagiert, beginnt sie nun, ihm die Fälle im einzelnen zu erläutern: „Frau Damaschke ist die Nachbarin der verstorbenen Herta Schröder", erklärt sie. „Sie sagt aus, daß diese Frau Schumann beim ersten Versuch von Herta Schröder zweitausend Mark und danach noch einmal eintausendsiebenhundert Mark erhalten hatte. Sie sollte davon einen kleinen Garten mit Laube kaufen."
Die Kriminalistin legt ihrem Chef die Zeugenaussage von Frau Damaschke vor und deutet auf eine besondere von ihr gekennzeichnete Stelle. Demnach hatte Herta Schröder für

das sogenannte Darlehen Schuldscheine erhalten. Ebenso wie Elli Krause.
„Ungeklärt ist", sagt Karin, „wieso Frau Krause im Gegensatz zu den anderen Opfern im Besitz der Quittung blieb, denn auch das scheint sicher: Anna Linders wurde ebenfalls von der Täterin abkassiert. Tage bevor der Brand ausbrach."
Leutnant Mikulka übergibt Kunze ein Schreiben des Justitiars der Sparkasse. Er bestätigt die Abbuchung. Schon längst hat der Major seine anfänglich bequeme Sitzhaltung aufgegeben. Was seine Mitarbeiterin ihm da zu unterbreiten versucht, sieht nach einem handfesten Fall aus. Über ihre Disziplinlosigkeit würde später zu reden sein.
„Ich habe die ergaunerten Gelder einmal zusammengerechnet. Es ergibt eine Summe von vierundzwanzigtausenddreihundert Mark!"
Major Kunze notiert sich die Summe auf einem Zettel, fragt dann unvermittelt: „Gibt es Hinweise zur Person?"
Die Kriminalistin nickt. „Die Täterin ist mittelgroß oder groß", erläutert sie, „läuft je nachdem mit weit ausgreifenden Schritten, hinkend oder trippelnd. Sie hat schwarzes, graues, eventuell auch rotes, sehr dichtes Kurzhaar, in die Stirn gekämmt, oder sie trägt Lockenfrisur. Ihr scheinbares Alter liegt zwischen vierzig und fünfundfünfzig. Sie wurde mit braunem Übergangsmantel gesehen, die großen Schuhe hatten einen gedrungenen Absatz." Erklärend ergänzt sie: „Die Beschreibung habe ich aus den Zeugenaussagen Damaschke, Spormann und Jansen zusammengestellt." Karin legt ihm die Aussagen der alten Leute auf den Tisch.
„Nach Frau Damaschkes Angaben läßt sich wahrscheinlich ein Identi-Kit-Bild von der Täterin fertigen. Leider bekam weder Jansen noch Frau Spormann diese Frau Schumann richtig zu Gesicht. Sie wußte es stets so einzurichten, daß sie fast unsichtbar blieb. Die Frau arbeitet mit allen Tricks", sagt Karin ernst. „Hoffentlich stimmt das mit ihrem Wohnort in M." Sie übergibt dem Major die Liste mit den sieben Adressen, die sie am Vormittag

in der KMK harausgeschrieben hatte.
„Herta Schröder gegenüber hat die Täterin ihren Wohnort erwähnt. Aber der muß natürlich nicht stimmen. Wahrscheinlich ist auch ihr Name falsch, unecht wie Haarfarbe und Gangart."
„Eine gewiefte Betrügerin also", sagt der Major. „Es wird schwer werden, die Frau aufzuspüren." Karin nickt zustimmend. Sie ist froh darüber, wie Kunze ihren Gedanken gefolgt ist und kann es kaum selbst begreifen, daß sie sich vor dem Weg zu ihm gescheut hatte.
Der Chef sieht auf seine Armbanduhr. Die reguläre Dienstzeit ist bereits vorbei. Da sind von den Kriminalisten nur noch die Spätdienstler im Haus, überlegt er. Dann fällt seine Entscheidung. „Sie arbeiten ab morgen mit Leutnant Bär und Oberleutnant Peuker zusammen an dem Schumann-Fall. Ich erwarte jeden Abend einen Bericht über den Fortgang der Ermittlungen. Falls es sich erforderlich machen sollte, werde ich noch weitere Kriminalisten abstellen. Im Augenblick aber erscheinen mir drei versierte Leute angemessen. Sind Sie zufrieden?"
„Danke", sagt Karin Mikulka leise.

Mittwoch, 3. Oktober, 10 Uhr

Major Kunze nimmt die Einweisung der Arbeitsgruppe „Stadtgespenst" in seinem Dienstzimmer persönlich vor. Er hatte Leutnant Bär und Oberleutnant Peuker bis 10 Uhr Zeit eingeräumt, sich mit der Sachlage vertraut zu machen, um unnötige Verzögerungen bei der Arbeitsbesprechung auszuschließen. Zu diesem Zweck löste er Klaus Bär bei Dienstbeginn aus dessen Arbeitsgruppe beim K-Dienst heraus. Ulf Peuker gehört zu einem Team von Kriminalisten, dem vorrangig die „Unbekannten-Aufklärung" obliegt. Beide verfügen über langjährige Erfahrungen bei der Be-

kämpfung von schwerer Kriminalität.
Nun sitzen sich alle vier am Konferenztisch gegenüber und beraten gemeinsam die nächsten Arbeitsschritte. Major Kunze erteilt Leutnant Mikulka das Wort. Sie faßt die bisherigen Erkenntnisse zusammen: „Bis jetzt ergeben sich Parallelen zwischen den Fällen Anna Linders, Elli Krause und Herta Schröder“, beginnt sie. „Wir haben es mit einer Betrügerin zu tun, die Frauenbekanntschaften schließt und danach die alten Frauen unter Vorspiegelung falscher Tatsachen veranlaßt, ihre Barschaft von der Bank abzuheben. In zwei Fällen nahm die Täterin den Frauen das Geld gegen Schuldschein ab (Krause und Schröder), und zweimal trat sie unter dem Namen Schumann auf (Linders und Schröder). Alle drei Frauen sind tot! Wie es bisher aussieht, starben sie eines natürlichen Todes oder durch Unfall. Vorhin habe ich noch einmal bei der Staatsanwaltschaft in die abgelegte Unfallakte Herta Schröder eingesehen. In den Unterlagen lassen sich keine Anhaltspunkte für Fremdverschulden oder für das Einwirken Dritter finden. Die Kriminalisten, die den Fall untersucht hatten, sprachen daher von einem Unfall. Dieser Version schloß sich auch der Staatsanwalt an.“
Karin macht eine kleine Pause, fügt dann eindringlich hinzu: „Aber es gibt eben auch die Spukaussagen von Frau Spormann, und die von Frau Damaschke über eine merkwürdig saubere und gebohnerte Wohnung bei Herta Schröder. Außerdem bleibt die Frage offen, was sich in dem Päckchen befand, das kurz vor dem Brand bei Anna Linders abgegeben wurde. Was, wenn der Tod der alten Frauen kein Zufall war, sondern teuflisches Spiel! Nicht auszudenken, wenn vielleicht schon ein nächster Anschlag in Vorbereitung wäre. Irgendwo. In dieser Stadt.“
Karin holt tief Luft. Das Wichtigste war erst einmal gesagt. Da hinein fragt der Chef unvermittelt Leutnant Bär nach seiner Meinung zu den Darlegungen der jungen Kriminalistin.
„Daß Frau Schumann eine geschickte Betrügerin ist, daran glaube ich“, antwortet er. „Aber eine Mörderin?! Das halte

ich im Moment doch für eine gewagte Hypotese."
Der Major nickt zustimmend.
„Ich möchte doch nur, daß wir bei unseren Nachforschungen auch diese Möglichkeit im Auge behalten", verteidigt sich Karin. „Solange wir das Motiv nicht kennen, müssen wir besonders achtsam sein. Und noch etwas. Ich denke zum Beispiel, daß Gertrud Kraatz ebenfalls dazugehört."
Kunze sieht zu Oberleutnant Peuker und fordert ihn auf zu sprechen. Der entgegnet: „Für mich fällt Frau Kraatz aus der Serie heraus. Erstens weil kein Zeuge diese Frau Schumann bei der alten Frau bemerkt hatte, und zweitens besaß sie nur dreihundert Mark. Wenn wir als wahrscheinliches Motiv für die Täterin Bereicherungssucht annehmen, wäre Gertrud Kraatz kein lohnendes Objekt gewesen. Unter tausend Mark fing die doch gar nicht erst an. Davon sollten wir ausgehen und unser Augenmerk auf wohlhabende alte Damen lenken!"
„Und was beginnt sie deiner Meinung nach mit dem ganzen Geld?" fragt Karin zweifelnd. „Hast du dafür auch schon eine Theorie?"
Major Kunze bricht den Disput ab und ordnet die nächsten Schritte an: „Erstens Überprüfung aller Schumann-Adressen in M. durch Leutnant Mikulka und Oberleutnant Peuker, zweitens, Leutnant Bär übernimmt es, mit Hilfe von Frau Damaschke ein Identi-Kit-Bild herzustellen und fahndet weiter in den Antiquitätengeschäften der Innenstadt nach der verkauften Porzellankanne von Gertrud Kraatz. Vielleicht sollten Sie die alte Dame noch einmal aufsuchen", sagt Kunze zu Leutnant Bär, „wenn Sie im Besitz eines brauchbaren Täterbildes sind. Möglich, daß Frau Kraatz dann entfällt und wir uns die Arbeit mit den Antikläden ersparen können." Leutnant Bär nickt zustimmend.
„Der Arbeitsgruppe steht ab sofort der hellgraue Trabant zur Verfügung", erklärt Kunze. Er nimmt vom Schreibtisch die Tasche mit den Fahrzeugpapieren und übergibt sie Oberleutnant Peuker. „Ist von Ihnen jemand nicht berechtigt zum Führen eines Dienstfahrzeuges?" Er sieht fragend zu Karin Mikulka.

„Ich habe die Zusatzprüfung in der letzten Woche abgelegt", erklärt sie.

Mittwoch, 3. Oktober, 13 Uhr 05

Frau Damaschke sitzt mit hochrotem Gesicht in einem Zimmer des Kriminaldienstes. Aufgeregt knüllen ihre Finger das Taschentuch in der Schürzentasche. Klaus Bär bleibt die Ruhe selbst. Er hat die alte Frau von ihrem Garten weg direkt ins Kreisamt geholt. Dabei mußte er alle Überredungskünste aufwenden, damit sie gleich in ihrer Gartenkluft in den Barkas einstieg. Zuerst hatte Frau Damaschke auf Umziehen bestanden. Aber Klaus Bär versprach ihr, sie anschließend in den Garten zurückzubringen, und so willigte sie ein, wenngleich zögernd. Vielleicht gab sein jungenhaftes Gesicht mit dem dichten schwarzen Kraushaar letztendlich den Ausschlag fürs Mitfahren oder sein Augenzwinkern, als er sagte: „Wir setzen uns in einen Extraraum. Da sieht Sie niemand."
Seine umsichtige Art gefiel der alten Frau. Er hat Ähnlichkeit mit meinem Bernd, dachte sie. Der Enkel war auch so groß und schlank. Sie mußten in einem Alter sein. Frau Damaschke schätzte ihn auf Mitte Dreißig.
Klaus Bär antwortete auf die Frage: „Achtunddreißig Jahre alt."
Der Kriminalist hatte den Baukasten für die Identi-Kit-Bilder im Zimmer zurechtgestellt, bevor er sich auf den Weg zu Frau Damaschke machte. Geduldig holt er nun immer neue Pappschablonen hervor und legt sie auf dem Tisch zu immer anderen Gesichtern zusammen. Doch je mehr verschiedene Augenformen er ins ovale Gesicht schiebt, je mehr unterschiedliche Mundformen er durchprobiert, abstehende oder angewachsene Ohren oder gar herzförmige, mit glattem Rundrand oder gewellt, desto unsicherer wird die alte Frau. Plötzlich rollt eine Träne über ihr Gesicht und tropft auf die

ausgebreiteten Pappschablonen. Frau Damaschke ist hilflos verwirrt. Bekümmert bekennt sie: „Ich kann das nicht. Dabei hätte ich so gern geholfen."
Klaus Bär nickt langsam. Er läßt sich die Enttäuschung nicht anmerken, tröstet statt dessen, daß schließlich doch etwas dabei herausgekommen sei. Mit einem kleinen herzlichen Lächeln faßt er zusammen: „Ovales Gesicht, kurze graue Haare, in die Stirn fallend, große Brille mit dunklem Rand."
Die alte Frau schnaubt lang anhaltend in ihr kariertes Taschentuch. Klaus Bär läßt ihr Zeit. Er räumt derweilen alle Pappteile, bemalt mit Kinnformen und Grübchen, Haaransätzen und all dem anderen, zurück in den Holzkasten.
„Wir finden diese Frau Schumann auch ohne Bild", versichert er Frau Damaschke glaubwürdig. „Machen Sie sich darüber nur keine unnötigen Sorgen."

Mittwoch, 3. Oktober, 13 Uhr 20

Karin Mikulka und Ulf Peuker sind in der Kleinstadt M. angelangt. Der Kriminalist hatte den hellgrauen Trabant gesteuert, während Karin eine Straßenübersicht auf den Knien ausbreitete und sich in den Plan vertiefte. Sie legte die Route fest, nach der sie am güngstigsten von einer Anschrift zur nächsten gelangten. Nachdem Reihenfolge und Straßenverbindungen notiert waren, besprachen beide noch einmal ihr Vorgehen. Es würde kompliziert werden, die gesuchte Frau zweifelsfrei herauszufinden, war ihnen klar. Die Beschreibungen klafften zu weit auseinander. Aber das konnte sie nicht irre machen. Aus Erfahrung wußten die Kriminalisten, es kam immer wieder vor, daß Leute im besten Glauben völlig entgegengesetzte Beschreibungen von ein und derselben Person abgaben. Sie beschlossen, die Frauen gemeinsam aufzusuchen. Einer sollte reden, dann blieb dem anderen Zeit für Beobachtungen.

Als erstes fuhren sie zu Brigitte Schumann. Sie ist 37 Jahre alt und lebt mit ihren Kindern Dirk und Karsten in unmittelbarer Nähe des Bahnhofes. Bevor Karin an der Wohnungstür klingelt, knobeln beide, wer die Fragen stellen wird. Ulf zieht das kurze Streichholz.

„Pech für dich“, frohlockt Karin, der das Spiel eingefallen war.

Der ruhige, betont sachlich reagierende Peuker fügt sich darein. Er ist 42 Jahre alt und hat semmelblondes schütteres Haar mit ausgeprägten Geheimratsecken, ein langaufgeschossener, blasser Typ mit Bauchansatz und auffallend heller Stimme. Er ist verheiratet, Hausbesitzer, hat eine Tochter und an die hundert exotische Vögel in seinen Volieren im Garten.

„Nun läute endlich“, drängt Ulf Peuker. „Träumen kannst du nachher im Auto.“

Karin drückt auf den Knopf. Kurze Zeit später öffnet der ältere Sohn Karsten. Er ruft seine Mutter aus der Küche herbei, die in Kittelschütze und mit nassen Händen an die Korridortür kommt. Die Kriminalisten wechseln einen kurzen Blick. Die Frau ist höchstens 1 Meter 50 groß. Diese Tatsache erübrigt jede Fragerei. Also erfindet Peuker kurzerhand eine Familie Petrov, die in der Straße wohnen soll und die sie besuchen möchten. Leider haben sie die Hausnummer vergessen. Frau Schumann überlegt angestrengt, fragt noch ihren Sohn, und bedauert, nicht helfen zu können. Lachend laufen Karin und Ulf die Treppe hinunter. Es war für sie die schnellste Methode, wieder aus dem Haus zu kommen, ohne sich groß erklären zu müssen.

Die nächste ist Dora Schumann, 59 Jahre alt, verwitwet. Auch dort geben sich die Kriminalisten nicht zu erkennen. Dora Schumann wirkt auf den ersten Blick wesentlich älter. Sie ist eine dürre Frau mit wässeriger Gesichtsfarbe, von Krankheit gezeichnet. Die beiden halten sich nicht unnötig auf.

Dann kommen sie zu einer Gerda Schumann, verheiratet. Auch der Ehemann ist zu Hause. Sie ist 47 Jahre alt. Hier weist sich Karin Mikulka aus und stellt auch Ulf Peuker vor. Dieses Mal hatte sie beim Knobeln verloren und war nun an der

Reihe. Frau Schumann bittet sie ins Wohnzimmer. Die Frau ist etwa 1 Meter 70 groß. Sie trägt eine Dauerwellfrisur. Die Haare sind schwarzgefärbt. Sie hat verhältnismäßig große Füße. Karin vermutet Schuhgröße 39. Die könnte es möglicherweise sein, überlegt die Kriminalistin, während sie den Grund ihres Kommens erläutert. „Es werden Zeugen gesucht für einen Autounfall am siebzehnten August an der Ampelkreuzung am Ende der Straße", erklärt sie eine vorher abgesprochene, unverfängliche Version, die der Alibiüberprüfung dient.
Der Ehemann erhebt sich und holt seinen Terminkalender. Er schüttelt den Kopf. „In dieser Zeit waren wir an der Ostsee", sagt er. „Wir hatten einen Bungalow für drei Wochen in Zingst gemietet und sind erst am zwanzigsten August zurückgefahren."
Trotz dieser Aussage unterhält sich Karin noch länger mit beiden. Dabei erfährt sie, daß die Frau im 3-Schicht-System bei der Straßenbahn als Fahrerin arbeitet. Der Mann ist Abteilungsleiter in einem Chemiebetrieb. Sie verreisen oft und gern. Karin gewinnt im Laufe des Gespräches den Eindruck von einem harmonischen Miteinander. In Gedanken streicht sie die Frau aus der Reihe der Verdächtigen.
Nachdem sie bei einer Sabine Schumann vergeblich geklingelt haben, erzählt den Kriminalisten die Hausbuchführerin, daß die Frau seit drei Monaten im Krankenhaus liege wegen einer Beckenoperation.
Renate Schumann ist 43 Jahre alt. Sie lebt allein. Als Karin an ihrer Tür klingelt, bleibt es still in der Wohnung. Die alte Frau, die unter Renate Sch. wohnt, weiß, daß ihre Nachbarin zum Betriebsvergnügen wollte. Sie ist geschwätzig, und Karin hat keine Mühe, Näheres über die nicht Anwesende zu erfahren.
„Sie hat seit einem halben Jahr einen festen Freund", verrät die alte Frau. „Er ist aus dem gleichen Betrieb. Sie arbeiten beide in der Molkerei. Weihnachten soll die Hochzeit sein."
„Geht sie denn viel allein weg?"
Die Frau schüttelt den Kopf. „Im Gegenteil. Wenn ihr Bräu-

tigam Spät- oder Nachtschicht hat, dann kommt sie meist mit ihrem Strickzeug zu mir."
„Kennen Sie die Arbeitszeit von Frau Schumann?"
„Sie verläßt um Viertel nach sechs das Haus und kommt erst gegen fünf Uhr wieder zurück."
Damit scheidet auch Renate Schumann aus, denn nach Frau Spormanns Erzählen kam die Fremde des öfteren am frühen Nachmittag zu Elli Krause und manchmal auch am Vormittag.
Manuela Schumann befindet sie zusammen mit ihrem Mann seit einem Jahr in der Sowjetunion, erfährt Karin von der Mutter, die mit im Haushalt lebt. Sie arbeiten dort an der Trasse.
Die letzte ist Heidrun Schumann, 48 Jahre alt, geschieden. Sie hatte am 17. August zusammen mit ihrer Kollegin Barbara Eckstein Haushaltstag genommen. Beide waren mit dem Städteschnellverkehr am frühen Morgen von Leipzig nach Berlin gefahren zum Einkaufen. Sie waren erst in der Nacht zurückgekommen. Auch von der äußeren Erscheinung her paßt Heidrun Schumann nicht zum Täterbild. Sie ist mittelgroß und korpulent.
Auf der Heimfahrt gehen die Kriminalisten noch einmal alle Namen und Informationen gemeinsam durch. Sie gelangen zu dem Schluß, daß alle sieben Frauen entweder ein Alibi besitzen oder nicht zu dem Bild passen, das sie vom Stadtgespenst bisher haben.
„Die von uns gesuchte Frau Schumann muß hier in der Großstadt wohnen", sagt Ulf Peuker voller Überzeugung. „Das mit der nahegelegenen Kleinstadt ist ein Täuschungsmanöver. Es bietet ihr gleichzeitig Schutz vor den geschädigten alten Frauen, falls die auf die Idee kämen, sich nach ihr umzuschauen. Die Spur nach M. sollte ins Leere führen. Schließlich sind wir ja auch drauf hereingefallen."
„Das wird eine Menge Arbeit geben statt eines schnellen Erfolges", antwortet Karin. „Wahrscheinlich stellt sich am Ende heraus, daß auch der Name Schumann nur Attrappe ist."

„Keine Angst, die kriegen wir schon! Die Zeit ist immer auf unserer Seite.“

Donnerstag, 4. Oktober, 17 Uhr 30

Bei der abendlichen Berichterstattung legt Leutnant Mikulka dem Chef die maschinegeschriebene Liste mit allen Schumann-Adressen aus der Großstadt vor. Im Laufe des Tages hatte sie auf Kunzes Anordnung hin in der Meldekartei die Namen herausgesucht. Es gab insgesamt 234 Schumann-Frauen in der Altersgruppe 35 bis 60 Jahre. Karin war nicht allzusehr überrascht von der Anzahl. In ihrer Neugier und weil es ihr keine Ruhe ließ, hatte sie bereits am Vorabend im Telefonbuch geblättert und dort allein 92 Schumann-Adressen gefunden. Außerdem noch 12 Schumanns mit h in der Mitte. Daraufhin schätzte sie, daß sich die Zahl der Anschriften mindestens verdoppeln würde, wenn nicht sogar verdreifachen. Leider behielt sie mit ihrer Vermutung recht. Ein enormes Arbeitspensum lag da vor ihnen, fand Karin beim Abschreiben. Da würde so manche Überstunde notwendig werden, um zügig voranzukommen.
Wenn wir wenigstens den Vornamen dieser Schumann wüßten, überlegt sie, dann ließe sich der Personenkreis einengen. Aber Jansen und Frau Damaschke kannten leider nur den Nachnamen der Täterin. Damit stand also fest, die Personenüberprüfungen kamen auf sie zu. Hoffentlich würde der Chef noch einige Kriminalisten bewilligen, die bei der Aufklärung mithalfen.
Oberleutnant Bär und Leutnant Peuker hatten tagsüber die ersten neunzehn Anschriften überprüft und sie bis auf zwei ausgeschieden. „Zu Carola und Bärbel Schumann müssen noch Zusatzermittlungen geführt werden“, berichtet Oberleutnant Peuker. „Beide konnten wir nicht zweifelsfrei aussortieren.“
Leutnant Bär legt dem Major die Mappe mit den Protokollen

vor. Während Kunze den Schnellhefter durchsieht, sagt er: „Vergeßt mir die Antiquitätengeschäfte nicht! Das muß nebenher miterledigt werden. Oder waren Sie schon bei Gertrud Kraatz?" Er schaut Leutnant Bär fragend an. Der verneint.
„Wir waren gespannt, wieviel Personenüberprüfungen an einem Tag zu schaffen sind. Ich glaube, wir brauchen Unterstützung durch einige Kollegen. Zu der alten Frau gehe ich dann morgen. Sollte es keine neuen Erkenntnisse geben, machen wir am Montag mit den Antikläden weiter."
Der Major ist einverstanden. Er entscheidet, daß ab Wochenbeginn weitere 10 Kriminalisten mit an den Fällen arbeiten werden. „Machen Sie inzwischen eine Mitteilung an die Presse fertig mit Namen und Begehungsweise der Täterin. Die Bevölkerung muß gewarnt werden. Vielleicht bekommen wir dann auch schneller Hinweise zu dieser Schumann und können uns das mit den vielen Adressen ersparen", sagt Major Kunze zu Oberleutnant Peuker. „Außerdem werden wir ab sofort unsere Nachforschungen ausweiten auf Klubs der Volkssolidarität, auf Alters- und Pflegeheime. Das sind doch geeignete Anlaufpunkte für unsere Täterin. Von den alten Leuten erfahren wir am ehesten, ob jemand von ihnen in letzter Zeit eine verdächtige Bekanntschaft geschlossen hat."

Freitag, 5. Oktober, 14 Uhr 55

Major Kunze hatte für 15 Uhr eine Beratung im eigenen Bereich angesetzt. Es würde um den Wochenendeinsatz und den Bereitschaftsdienst bis zum Montagmorgen gehen. Zusammen mit allen anderen Kriminalisten findet sich auch die Arbeitsgruppe „Stadtgespenst" rechtzeitig im Schulungsraum ein und wartet auf die Einteilung der Wochenendaufgaben. Sie setzen sich auf drei leere Stühle in

der letzten Reihe am Fenster.
Bis zum Mittag hatten sie weitere 11 Schumann-Anschriften ausgesondert. Gerade als Klaus Bär zu Gertrud Kraatz aufbrechen wollte, war Oberleutnant Peuker im Essenraum erschienen und hatte verkündet: „Ich glaube, ich habe sie!" Mit seiner Nachricht warf er jegliche Tagesplanung über den Haufen. Daraufhin ermittelten die Kriminalisten zu dritt im Wohngebiet. Die rothaarige Elisabeth Schumann war 42 Jahre alt, 1 Meter 70 groß und durch einen Hüftfehler leicht gehbehindert. Sie hatte kein Alibi für die fragliche Zeit am 17. August und erschien Ulf Peuker bei der Befragung auffallend wortkarg, fast schroff. Zwar erklärt der Abschnittsbevollmächtigte, den sie aufsuchten und zum Leumund befragten, ihr Verhalten mit einem Satz. Er sagte: „Ihr Bekannter sitzt seit sieben Wochen in Untersuchungshaft wegen Scheckbetruges." Aber das erschien den dreien noch verdächtiger. Und dann war es die Milchfrau aus dem kleinen Laden im Erdgeschoß, die alle Hoffnungen zunichte machte. Sie erinnerte sich, am 17. August den Hausarzt telefonisch bestellt zu haben, weil Elisabeth Schumann mit hohem Fieber und Grippe im Bett lag und weil sie im Augenblick niemanden hatte, der sich kümmerte. „Das arme Ding", sagte sie bedauernd. „Da hat sie wieder mal Pech gehabt."
Bevor die Einweisung beginnt, beugt sich Ulf Peuker zu Karin und Klaus hinüber und flüstert: „Zu Frau Kraatz gehen wir Montag früh als erstes. Sonst wird der Alte verrückt."
Klaus Bär nickt zustimmend.

Zur selben Stunde läuft eine rothaarige Frau mit energischen Schritten zielsicher, die baumlose Straße hinunter. Ab und an treibt ihr der Wind eine Kohlenstaubwolke vom Verladebahnhof entgegen. Doch die Rothaarige ist nicht aufzuhalten. In kurzer Zeit erreicht sie das obere Ende der Straße. Hier überquert sie den bucklig gepflasterten Fahrdamm und strebt dem vierstöckigen, grau verputzten Haus mit der Jahreszahl 1934 zu. Während des Laufens

prüfen ihre Augen die menschenleere Straße und die Fensterfront zu beiden Seiten auf unerwünschte Zuschauer. Nichts! Beruhigt ruckt sie den grauen Stoffbeutel fester in die Armbeuge und stößt die Haustür auf. Im dämmrigen Flur verhält sie lauschend. Alles ist still. Sie holt die Handschuhe aus ihrer Jackentasche und streift sie ohne spürbare Eile über. Mit Handschuhen nun entnimmt sie dem Faltbeutel eine braune Tüte aus derbem Papier. Den leeren Beutel läßt sie in der rechten Jackentasche verschwinden. So vorbereitet steigt sie die Treppe zum ersten Stock hoch. Sie wirkt dabei gelassen. Nur beim genaueren Hinsehen ist am leichten Zittern der Tüte die hochgradige Erregung der rothaarigen Frau merkbar. Ohne Zögern geht sie auf den mittleren Messingknopf zu und klingelt lang anhaltend dringlich.
Es ist jetzt genau 15 Uhr 05! Nach dem Klingeln tritt die Frau einen Meter von der Türschwelle zurück. Sie korrigiert ihre stockgerade Haltung, indem sie in sich zusammenkriecht und die rechte Schulter herabhängen läßt. Sie tut das alles mit wissender Sicherheit, daß nur ein Zufall den weiteren Ablauf stören und ihr in die Quere kommen kann. Gespannt wartet sie auf Geräusche aus dem Innern der Wohnung. Es dauert eine geraume Weile, bis die näherkommenden Schlurfschritte auf dem Korridor hörbar werden. Dann öffnet sich die Tür flügelweit. Neugierig starrt Gertrud Kraatz auf die rothaarige Frau.
„Wohnen Sie jetzt auch hier im Haus?“ fragt die Oma statt einer Begrüßung. Ohne eine Antwort abzuwarten, sagt sie: „Es ist mir gleich. Bei mir geht es sowieso wie im Taubenschlag zu.“ Sie kichert zu ihren Worten.
„Natürlich kennen Sie mich“, widerspricht die rothaarige Frau energisch und verhindert so, daß sich Frau Kraatz plötzlich umdreht und vor der Zeit in ihr Wohnzimmer zurückschlurrt. „Ich habe Ihnen erst kürzlich Kartoffeln gebracht“, erinnert sie die alte Frau. „In der vergangenen Woche.“
„Die hat jemand weggetragen“, antwortet Gertrud Kraatz.

„In meiner Küche sind keine!“
Sie sieht die Fremde mit ihren starren Augen an und schüttelt verwundert den Kopf. „Waren Sie wirklich schon öfter bei mir?“ fragt sie. „Ich habe das vergessen.“
„Aber Frau Kraatz!“ Die Fremde streckt der alten Frau die Papiertüte entgegen. „Ich sollte Ihnen doch heute Erbsen einkaufen und Fleisch.“ Ihre Stimme klingt eindringlich sanft. „Zum Fleischer gehe ich anschließend. Ich wollte nur sehen, ob Sie da sind.“
Gertrud Kraatz läßt den Türpfosten los, an dem sie sich festgehalten hatte und kommt über die Schwelle auf das Podest vor, um die Tüte abzunehmen. Sie erscheint seit Karin Mikulkas Besuch noch wackliger auf den dünnen Beinen. Unmerklich langsam weicht die Fremde noch einen Schritt zurück.
„Eigentlich vertrage ich gar keine Erbsen“, sagt Frau Kraatz. „Die liegen mir wie Steine im Bauch. Vielleicht füttere ich damit besser die Vögel.“
„Wegen Taubenfutter mußte ich mich beim Kaufmann anstellen?“ In spontaner Wut knallt die Fremde die Papiertüte auf den Boden. „Das geht ja wohl ein bißchen zu weit“, sagt sie böse. „Meine Zeit ist auch begrenzt. Dabei dachte ich, Ihnen mit dem Einkauf zu helfen. Womöglich brauchen Sie das Fleisch nur für den Kater.“
Beim Aufprall platzt die Papiertüte auseinander. Rollend und hüpfend verteilen sich die Erbsen über Podest und Treppe. Die alte Frau reagiert erschrocken. Sie macht einen unsicheren Schritt auf die Fremde zu, will das Mißverständnis aufklären.
„Ich hole eine Schüssel“, sagt sie verwirrt. Die rothaarige Frau ist damit einverstanden.
„War dumm von mir“, sagt diese nun und lächelt einlenkend. Sie nimmt Gertrud Kraatz am Arm und hilft ihr über die Erbsen zurück bis zur Türschwelle. Dann bückt sie sich nach der zerissenen Tüte und gibt sie der alten Frau in die Hand, damit sie das Papier mit in die Wohnung nimmt. “Am besten, Sie werfen das gleich weg“, rät sie der anderen.

Während die Oma eilig in die Küche schlurrt und eine kleine weiße Emailleschüssel aus de Küchenschrank holt, steht die Fremde reglos vor der Tür und wartet. Als die alte Frau wieder erscheint, sagt sie bestimmt: „Kommen Sie! Zu zweit sind die Erbsen schnell aufgelesen."
Doch Gertrud Kraatz ist unsicher. „Ich weiß nicht", sagt sie zögernd. „Vielleicht holen sich die Vögel die Erbsen von der Treppe. Lassen Sie bitte die Haustür weit offen, wenn Sie gehen." Die alte Frau dreht sich um und strebt zurück in die schützende Wohnung.
„So kann der Flur nicht bleiben", sagt die rothaarige Frau streng. „Was sollen die Leute denken!" Mit einem Sprung ist sie an der Korridortür und greift nach dem Arm von Gertrud Kraatz. Mit dem Fuß schiebt sie die erreichbaren Erbsen zur Seite und dirigiert die widerstrebende alte Frau resolut bis vor aufs Podest. Frau Kraatz hat Angst vorm Fallen. „Das ist nichts mehr für mich", sagt sie bittend. „Ich bin schon wacklig auf den Beinen."
Ohne den Arm loszulassen, redet die fremde Frau beruhigend auf Gertrud Kraatz ein, bis diese sich in die Situation schickt und bereit ist mitzuhelfen. Sie beugt sich vorneüber und beginnt erste Erbsen in die Schüssel zu lesen.
„Es geht doch ganz gut", ermuntert die Unbekannte die alte Frau. „Die Treppe sammle ich dann allein ab."
Nach kurzer Zeit hat auch sie beide Handschuhhände voller Erbsen und kommt zur Schüssel, um sie hineinzuwerfen. Als sie die kleinen grünen Kugeln in die Emailleschüssel klappern läßt, kichert die Oma und sagt: „Die guten ins Töpfchen, die schlechten ins Kröpfchen."
Dann geht alles blitzschnell. Die rothaarige Person versetzt der alten Frau einen derben Stoß, die, ohne Halt, fast schwerelos über die Erbsen hinwegschliddert und mit einem dünnen Schrei kopfüber die Treppe hinunterstürzt. Mit verrenkten Gliedern bleibt sie am unteren Treppenabsatz bewegungslos liegen. Noch immer halten sich ihre schreckverkrampften Finger an der weißen Emailleschüssel.
Damit keine Erbsen zertreten werden, steigt die Fremde be-

hutsam auf der Fallspur von Gertrud Kraatz nach unten. Auf der letzten Stufe zögert sie. Sie wischt sich die Schweißperlen von der Oberlippe im Jackenärmel ab und schluckt krampfhaft. Mit steifen Gliedern steigt sie über Gertrud Kraatz hinweg, die quer vor der Treppe liegt. Ein scheuer Prüfblick in die gläsern offenen Augen – die alte Frau ist tot!
Panikartig läuft die Täterin aus dem Haus und verläßt unbemerkt die baumlose Straße.

Frau Geisthardt aus dem dritten Stock ist die erste, die nachmittags von der Arbeit nach Hause kommt. Es ist 16 Uhr 05, als sie ahnungslos das Haus betritt. Sie findet die alte Frau am Treppenabsatz. Mit zitternden Knien läuft sie auf die Straße und vor zur Ecke, wo ein Telefonhäuschen steht. Sie wählt den Notruf.
Wenig später kommt der Rettungswagen mit Sondersignal vorgefahren. Die Krankenwagenfahrer verständigen die Kriminalpolizei und den Gerichtsmediziner. Für sie bleibt nichts zu tun. Die Totenstarre hat bereits eingesetzt.
Der Gerichtsmediziner kommt zusammen mit den Kriminalisten vom K-Dienst. Er bescheinigt den Tod amtlich. Seine vorläufige Diagnose: Genickbruch durch Sturz von der Treppe. Nach dem Eintreffen des Bestattungswagens wird die Leiche zur Obduktion in das Gerichtsmedizinische Institut überführt.
In der Zwischenzeit beginnen die Kriminalisten mit ihrer Arbeit. Aus dem Mülleimer wird die zerrissene braune Papiertüte sichergestellt. Sie soll im Labor auf Fingerspuren untersucht werden. Das Wohnungstürschloß wird untersucht, und die Fingerspuren auf der Türklinke werden abgenommen. In der Wohnung von Gertrud Kraatz sucht man sorgfältig nach weiteren Spuren. Während die Kriminaltechniker noch bei der Spurensuche und -sicherung sind, beginnen zwei andere Kriminalisten mit der Befragung der Mieter, die unterdessen kurz hintereinander das Haus betreten haben. Sie stehen neben der Kreidemarkierung an der Treppe und rätseln aufgeregt an dem Vorfall herum. Die Kriminalisten

müssen feststellen, daß von den Mitmietern eigentlich niemand so richtig überrascht ist. Jeder wußte um die Schrulligkeit der alten Dame. Daß sie auf wackligen Beinen durchs Haus geisterte, war für niemanden neu.
Herr Meier aus dem 2. Stock erklärt: „Meine Frau kommt schon seit langem nachts nicht mehr allein nach Hause. Sie fürchtet sich vor der alten Frau. Der konnte man vor allem nachts außerhalb der Wohnung begegnen. Nur mit einem Nachthemd bekleidet und barfuß tappte sie in völliger Dunkelheit und leise vor sich hin erzählend durch das Haus. Dann kontrollierte sie, ob Haus- und Bodentür ordentlich verschlossen waren. Das hatte früher bei ihren Herrschaften zu ihren Hausmädchenpflichten gehört. Wegen zunehmender Vergeßlichkeit machte sie den Weg in der Nacht mehrfach. Da konnte einem schon der Schreck in die Beine fahren", sagte Herr Meier, „wenn sie plötzlich lautlos vor einem auftauchte. Das war nur was für starke Nerven!"
Nach übereinstimmender Aussage der Mieter hatte Gertrud Kraatz, die so liebenswert verdreht im Kopf war, keine Feinde. Die Hausgemeinschaft half ihr, so gut sie konnte. Fremde kamen nicht zu der alten Frau. Daher lag die Vermutung nahe, daß Gertrud Kraatz beim Erbsenauflesen das Gleichgewicht verlor und die Treppe hinunterstürzte. Ihre Lage am Treppenabsatz sprach ebenfalls für diese Version und die an der Emailleschüssel verkrampften Finger der rechten Hand. Warum sie allerdings mit den Hülsenfrüchten ins Treppenhaus gegangen war, würde sicherlich ungeklärt bleiben. Aber wunderliche Dinge gehörten bei ihr zum Alltäglichen.
Bei der Laboruntersuchung werden auf der braunen Papiertüte deutliche Fingerspuren von der alten Frau gesichert. Fremdspuren fehlen. Die Gerichtsmedizin schickt am Sonnabendmorgen Vergleichsfingerabdrücke von Gertrud Kraatz' Leiche und einen Bericht, der die vorläufige Diagnose bestätigt. Anhaltspunkte für eine Straftat kann der Arzt bei der Obduktion nicht feststellen.

Sonnabend, 6. Oktober, 14 Uhr

Frau Radtke legt ihrem Chef zwei Unterschriftsmappen mit Schreiben und Akten vor, die seiner Entscheidung und Unterschrift bedürfen. Danach zieht sie sich ins Vorzimmer zurück. Sie weiß, der Papierkram wird ihn in den nächsten zwei bis drei Stunden am Schreibtisch festhalten. Zwischen den Unterlagen befindet sich auch der Vorgang Kraatz.
Mit wachem Interesse liest der Major in den Protokollen und im Abschlußbericht Gertrud Kraatz. Die Kriminalisten hatten laut Eintragung am Vormittag ihre Entscheidung mit dem diensttuenden Staatsanwalt Keller abgestimmt. Er folgte der Version der Kriminalisten über den unnatürlichen Tod der alten Frau durch Herabstürzen vom Treppenpodest. Mit seiner Befürwortung sollte der Vorgang abgeschlossen werden.
Kunze drückt die Sprechtaste. „Ist jemand von der Arbeitsgruppe ‚Stadtgespenst' im Haus?" fragt er, „oder sind alle drei im Stadtpark beim Volksfest eingesetzt? Sie sollen zu mir kommen. Sofort! Es gibt neue Hinweise zu dieser Frau Schumann."
„Ich erkundige mich", antwortet die Sekretärin und greift nach dem Telefonhörer. Wenig später erscheinen die beiden Männer im Vorzimmer. „Ihr sollt gleich hineingehen", informiert sie Frau Radtke. Auf Ulf Peukers Frage zuckt sie die Schultern. „Es geht wohl um eure Täterin."
Major Kunze empfängt Leutnant Bär mit der Frage: „Waren Sie gestern bei Frau Kraatz? Und wenn ja, wann?"
„Ich bin nicht mehr dazu gekommen", entgegnet er wahrheitsgemäß. Doch bevor er es erklären kann, bietet der Major beiden Platz an und schiebt ihnen den Vorgang Kraatz zu.
„Lesen Sie das!" fordert er. „Gertrud Kraatz ist gestern auf Erbsen ausgerutscht und tödlich verunglückt. Genickbruch." Er schaut in die erschrockenen Gesichter seiner Untergebenen. „Wir sind sicher einer Meinung, daß es kein Unglücksfall war, obwohl die Umstände wieder einmal dafür sprechen."

Die Kriminalisten überfliegen hastig die beschriebenen Blätter.
„Wo ist Leutnant Mikulka?" erkundigt sich der Chef.
„Sie hat Dienst an der Bühne drei", erwidert Oberleutnant Peuker. „Das ist in der Nähe vom Parkcafé."
Kunze sieht auf seine Armbanduhr. „Es ist jetzt fünfzehn Uhr zwanzig", sagt er. „Wir treffen uns um achtzehn Uhr! Oberleutnant Peuker, Sie fahren unterdessen zu den Kriminalisten nach Hause, die gestern im Fall Kraatz tätig waren und befragen sie. Jede Kleinigkeit ist wichtig, die nicht schriftlich notiert wurde. Leutnant Bär, Sie suchen Leutnant Mikulka und bringen sie her. Ich veranlasse die Ablösung."
Mit ernster Stimme beendet er die kurze Unterredung. „Ich erwarte von Ihnen", sagt der Major, „daß Sie mir um achtzehn Uhr konkrete Vorschläge unterbreiten über das weitere Vorgehen.

Sonnabend, 6. Oktober, 16 Uhr

Der Stadtpark mit seinen drei Bühnen ist bei dem schönen Herbstwetter Anziehungspunkt für viele Familien. Auf der Wiese vor Bühne 3 herrscht Gedränge und ausgelassene Wochenendstimmung. Klaus Bär bahnt sich einen Weg durch die beieinanderstehenden und auf dem Rasen sitzenden Leute. Trotz seiner Größe kann er die zierliche Karin Mikulka nirgends entdecken. Bereits zum dritten Mal hat er die Bühne mit ihrer Blaskapelle umkreist. Nichts! Dann fällt sein Blick auf die dicht umlagerten Eßstände in einiger Entfernung. Vielleicht finde ich sie dort, überlegt er. Ein wenig abseits vom Trubel und Polkalärm. Seine Vermutung erweist sich als richtig. Karin lehnt an einem Baumstamm und verzehrt eine Bockwurst. Als sie den Kollegen bemerkt, läuft sie überrascht auf ihn zu. „Fein, daß du mir Gesellschaft leisten willst", sagt sie fröhlich.

Klaus Bär faßt nach ihrem Arm. „Komm schnell", sagt er. „Frau Kraatz ist tot!"
Karin wird blaß. „Nein!" sagt sie tonlos. Willig läßt sie sich von Klaus Bär durch die Menschengruppen schieben bis hin zum Auto. Während der Fahrt zurück ins Kreisamt weiht der Kriminalist sie in knappen Sätzen in den Hergang ein.
„Das ist ja schrecklich", stößt Karin hervor. Es ist das einzige, was sie auf der gesamten Rückfahrt äußert.
Klaus betrachtet ihr Profil des öfteren aus den Augenwinkeln. Die Nachricht scheint sie hart zu treffen. Er macht sich Sorgen. Beim Aussteigen erklärt er deshalb entschieden: „Wir müssen uns sofort zusammensetzen und die nächsten Schritte beraten."
Karin nickt. „Später", antwortet sie. „Laß mir eine Viertelstunde Zeit." Ohne auf seinen Einspruch zu warten, geht sie auf Block A zu und steigt die Treppen hinauf zu ihrem Zimmer. Dort läßt sie sich in ihren Schreibtischstuhl fallen und stützt den Kopf in die Hände. So bleibt sie minutenlang sitzen. Sie fühlt sich elend. Da war es also passiert. Zu spät, zu spät, denkt sie bitter. Ich habe *versagt*! Warum nur habe ich das Unheil nicht kommen sehen. Dabei wäre bei einigem kriminalistischen Geschick Gertrud Kraatz' Tod vorausahnbar gewesen. Aufs falsche Pferd gesetzt! Anstatt hinter all diesen Schumanns herzujagen, hätten wir die alte Frau beschützen müssen. Karin schüttelt es. Ihr ist zum Heulen.
In diesem Augenblick wird die Tür resolut aufgeklinkt. Klaus Bär kommt ins Zimmer, ihre Abwehrreaktion absichtlich übersehend. Er geht zum Schrank, entnimmt ihm zwei Tassen und bringt sie zum Tisch. „Trink", fordert er, nachdem er eine halbvolle Flasche Braunen aus der Hosentasche hervorgezaubert und die Tassen bis zur Hälfte voll geschenkt hat. Karin schluckt wortlos. Klaus gießt noch einmal ein und bedeutet ihr, es auszutrinken. Er duldet keinen Widerspruch. Karin lächelt etwas hilflos, als sie seine Anweisung befolgt. Klaus zieht sich einen Stuhl zum Schreibtisch und setzt sich. „Das ging uns allen schon mal so", tröstet er kameradschaftlich. „Jetzt besser? Oder noch einen?"

Karin verneint. Langsam beginnt sich durch den Alkohol der Denkkrampf zu lösen. „Danke“, sagt sie leise. Unvermittelt steigt ihr ein solch stumpfer Schmerz aus dem Körper auf und bis hoch in die Haarwurzeln, ein solcher Haß auf diese Frau, auf dieses Stadtgespenst, daß es ihr für Momente den Atem nimmt.
Nach dieser Gefühlsaufwallung wird sie ruhig und konzentriert. „Warum nur Frauen?“ fragt sie. „Traut sie sich an keinen Mann heran, oder sind die weniger leicht zu betrügen?“
Ulf kommt ins Zimmer. „Nichts Neues“, sagt er mißmutig und setzt sich mit an den Schreibtisch.
„Ich denke, die Schumann lernt ihre Opfer auf Parkbänken, in Cafés, beim Spazierengehen kennen“, versucht Klaus eine Erklärung.“ Da sie sich immer wieder ins Vertrauen der Leute schwindeln kann, liegt die Vermutung nahe, daß sie selbst eine außerordentliche, Sicherheit erweckende Ausstrahlung hat. Die Variante des Geldabluchsens richtet sich bestimmt nach den Interessen der alten Frauen. Bei Herta Schröder war es ein Garten mit Laube – ein langgehegter Wunschtraum also, der verwirklicht werden sollte. Der Rest ist eine Kleinigkeit“, sagt Klaus überzeugt. „Schuldscheine schreiben als Quittung, und die werden in einem günstigen Moment wieder entwendet. In der Zwischenzeit kassiert die Fremde und verschwindet auf Nimmerwiedersehen.“
„Eben nicht“, widerspricht Ulf Peuker. „Nach deiner Version müßten die Frauen noch leben.“
Eine Zeitlang bleibt es still im Raum. Jeder sucht nach einer brauchbaren Erklärung, die ihnen weiterhelfen könnte.
„Wenn ich mir vorstelle, welche Chance wir am Freitag vertan haben“, sinniert Ulf Peuker laut. „Die wäre doch Klaus direkt in die Arme gelaufen!“
„*Freitag*!“ murmelt die Kriminalistin vor sich hin. Plötzlich durchzuckt es sie. „Der Hochhausbrand bei Anna Linders“, sagt sie aufgeregt. „Das war auch ein Freitag!“
Klaus Bär hakt den Kalender von der Wand. „Mensch“, stößt er hervor. „Das wäre ein Ding.“
Fiebrige Unruhe erfaßt die drei. Ulf stöbert hastig die Noti-

zen durch. Wann war das mit Herta Schröders seltsamem Unfall, überlegt er und fühlt sich wie elektrisiert. An welchem Tag glitt der Flurteppich über die gebohnerten Dielen und zog ihr die Füße weg? Endlich hatte er den Zettel herausgefunden. „Sechzehnter März", sagt er voller Spannung.
Klaus blättert den Kalender fast zögernd zurück. „Auch ein Freitag", bestätigt er.
Als Ulf das Sterbedatum von Elli Krause nachschlägt, ist er sich schon fast sicher.
„Wieder ein Freitag", stellt Klaus Bär fest.
Die Kriminalisten sehen sich an. Was bedeutet das? Weshalb wurde diese Frau nur freitags aktiv, und was trieb sie dazu? Wo steckt hinter diesem Tun die Logik, die ein Aufrollen des Falles ermöglicht, knobeln die drei verbissen.
„Was ist mit den Zeitabständen?" fragt Ulf Peuker. „Vielleicht bringt uns das weiter."
Gemeinsam wird noch einmal der Kalender zu Rate gezogen. Sie rechnen. Zwischen Herta Schröders Tod und dem von Elli Krause verging ein knappes halbes Jahr; genau waren es 22 Wochen. Anna Linders verbrannte fünf Wochen später. Vier Wochen danach brach sich Gertrud Kraatz das Genick.
„Das ist ja beängstigend", flüstert Karin erregt. „Die Zeitspanne zwischen den einzelnen Todesfällen schrumpft in rasantem Tempo. Aber das bedeutet ja ..." Erschrocken sieht sie die Männer an.

Sonnabend, 6. Oktober, 18 Uhr

Während der verbleibenden halben Stunde bis zur Beratung fertigte Karin ein Zeitdiagramm aller bisherigen Fälle, um die Verkürzung der Zeitabstände zwischen den einzelnen Straftaten zu verdeutlichen. Als die Arbeitsgruppe dann wieder in Kunzes Zimmer beieinander sitzt, reicht Karin dem

Chef das DIN A4 Blatt. Interessiert beugt sich der Major über die Zeichnung.
„Wenn unsere Kombinationen richtig sind“, faßt Karin die Überlegungen der letzten Stunden zusammen, „dann gibt es für die Motivation des Stadtgespenstes folgende mögliche Erklärung: Erstens die Täterin reagiert ihren pathologischen Haß an alten Frauen ab. Die Ursache hierfür wissen wir noch nicht. Denkbar wären Rache an der Schwiegermutter, die den Ehemann zu stark an sich bindet und dadurch den Familienfrieden stört, oder auch ein übersteigerter Mutterkomplex. Handlungen also, die mehr im Affekt ablaufen.
Unsere zweite Version geht davon aus, daß alle Handlungen, angefangen bei der Verkleidung, falschem Wohnort in M., Verstellung der Gangart, Geldablisten bis hin zum Töten exakt geplant wurden. Bleibt die Frage nach dem Warum. Das Wertgefüge dieser Frau scheint ein dankbarer Ansatzpunkt. Ihre Aufwertung also, die sie durch die Beseitigung von Frauen zu erreichen sucht. Von alten Frauen deshalb, weil sich Frau Schumann nicht an jüngere Opfer heranwagt. Vielleicht aber liegt es auch in ihrer Absicht, den Frauen körperlichen Schaden zuzufügen, weil sie erkannt hat, daß sie selber an der Schwelle des Altwerdens steht. Torschlußpanik wäre ein plausibler Grund, auch für Tötungsabsichten.“ Karin atmet tief durch. Danach fährt sie sachlich fort. „Wenn unsere Überlegungen stimmen, dann ist die Täterin heute an einem Punkt, da es kein Zurück mehr gibt. Das macht sie gefährlich. Immer schneller bricht die eigene Aufwertung weg, neue Opfer müssen her. Der Kreislauf ist geschlossen. Eines Tages wird sie kein Geld mehr nehmen, sondern nur noch töten. Wir vermuten sogar stark“, sagt Karin ernst, „daß sie das erbeutete Geld überhaupt nicht anrührt. Um hier von vier Morden zu sprechen, dazu ist es sicher noch zu früh. Noch kennen wir das Motiv der Täterin nicht. Daher sind wir auch nicht in der Lage, den Kausalzusammenhang zwischen ihren Vorbereitungshandlungen für einen ‚Unfall‘ und dem Tod des Opfers nachzuweisen. Noch bleibt vieles Spekulation, leider.

Erschöpft lehnt sich Karin gegen die Stuhllehne.
„Wenn unsere Version mit der Zeitverkürzung stimmt", ergänzt Oberleutnant Peuker Karins Bericht, „dann schlägt die Frau an einem der nächsten drei Freitage erneut zu. Wir vermuten, daß sie bereits ein nächstes Opfer ausersehen, vielleicht auch schon angesprochen hat. Wir müssen uns beeilen!"

Sonntag, 7. Oktober, 15 Uhr

Seit dem frühen Morgen lockt der Republikfeiertag mit Sonnenschein und Fahnen die Menschen auf die Straße. Der Andrang vor den Bühnen der Innenstadt und im angrenzenden Stadtpark kann sich sehen lassen, wenngleich der Trubel bald nach dem Mittagessen noch eine weitere Steigerung erfährt.
Charlotte Heyse und Frau Schumann haben zusammen die Modenschau für den kommenden Winter angesehen. Jetzt sind sie hungrig. Sie schlendern gemächlich zum kleinen Außencafé des Stadtparks. Dort angekommen, entdeckt Charlotte Heyse zu ihrem großen Erstaunen ihre Enkelin und deren Freund Mike in Kellnerkleidung. Als Gisela die beiden Frauen bemerkt, kommt sie übereifrig herbeigelaufen und umhalst die Oma. Leise flüstert sie ihr dabei eine Entschuldigung ins Ohr wegen der verschusselten Esseneinladung vor ein paar Tagen.
„Damit habt ihr euch nur selbst geschädigt", sagt Charlotte Heyse leichthin. „Schließlich gab es was ganz Pikantes." Als sie den verwunderten Blick ihrer Enkelin bemerkt, fügt sie burschikos hinzu: „Ihr denkt wohl, deshalb blase ich tagelang Trübsal. Nein, Mädel! Ich kann auch sehr gut was mit mir allein anfangen."
Sie zwinkert Frau Schumann verschwörerisch zu und henkelt sich bei ihr ein. Zur Enkelin sagt sie: „Hast du denn nun

Platz für uns, oder was?"
Gisela ist heilfroh, daß sie so glimpflich davonkommt. „Einen klitzekleinen Moment Geduld", sagt sie und läuft in ihren Kellnerbereich. Dort kassiert sie eine Familie ab, die schon vor geraumer Weile zahlen wollte. Danach plaziert sie die Oma und Frau Schumann an den frei gewordenen Tisch. Ohne eine Bestellung abzuwarten, eilt sie ins Innere der Gaststätte und kommt wenig später mit Obsttorte, Schlagsahne und zwei Kännchen Kaffee zurück. Während sie Kuchen und Kaffee serviert, sagt sie stolz: „Übermorgen bringe ich dir die erste Rate. Bei dem schönen Wetter sitzt den Leuten das Trinkgeld locker."
„Wird aber auch höchste Zeit, daß du zahlen kannst. Ich brauche mein Geld", antwortet die alte Frau scheinbar ernsthaft. Nach kurzer Überlegungspause fügt sie noch an: „Vielleicht ist es bald ganz aus mit der Erberei. Ich denke neuerdings, ich werde alles auf den Kopf hauen. Jeder muß sehen, daß er allein mit dem Leben fertig wird!"
Gisela ist sprachlos. „Oma, du bist einfach toll!" sagt sie begeistert. Doch dann fragt sie lieber noch einmal nach, ob die Oma auch wirklich nicht böse sei wegen der verpatzten Abendeinladung. Charlotte Heyse verneint. Daraufhin gibt ihr die Enkelin einen Kuß und flitzt erleichtert davon, um Mike die Neuigkeit zu erzählen.
Die beiden Frauen beginnen zu essen. In die Stille hinein sagt Frau Schumann plötzlich: „Das ist aber dumm! Jetzt habe ich den Autoatlas zu Hause liegen lassen. Ich wollte Ihnen doch die Strecke bis zu Ihrer Tochter zeigen. Zuerst müssen wir die Autobahn nehmen und dann noch ein Stück auf der Fernverkehrsstraße. Ich bin gerade dazugekommen, als im Buchladen eine Lieferung Atlanten ausgepackt wurde. Da habe ich gleich zugegriffen." Frau Schumann beobachtet die Reaktion der alten Frau. Doch die ist mit den Augen bei der Enkelin und deren Freund.
„Sie gönnen sich keinen Augenblick Ruhe", sagt sie voller Omastolz. „Dabei sind die schweren Tabletts gar nicht so einfach zu tragen. Da muß einer Geschick für haben", sagt sie

anerkennend. „Als Gastwirtsfrau weiß ich, was es heißt, so herumzusausen ohne Pause."

Frau Schumann legt ihre Hand auf den Arm der anderen. Behutsam erklärt sie: „Der Autoverkäufer will nicht länger warten. Ich muß mich bis Freitag in einer Woche entschieden haben."

Charlotte Heyse gibt ein unbestimmtes ‚Hm' von sich. Sie winkt Mike lebhaft zu, der gerade zu ihr herüberschaut. Frau Schumann sieht jetzt ebenfalls hoch und winkt in Mikes Richtung. Dann wendet sie sich wieder an die alte Frau.

„Sie haben sich wohl noch nicht entschieden?"

Charlotte Heyse wirkt einen Moment recht hilflos. Dann gibt sie sich einen Ruck und erwidert fast bittend: „Ich weiß nicht. Jetzt, wo ich wieder öfter weggehe, brauche ich sicher auch mehr Geld für mich." Nachdenklich schaut sie einer Fliege nach, die quer über den Tisch rennt. „Neuntausend, sagten Sie?" vergewissert sie sich noch einmal.

Frau Schumann nickt. „Es ist ja nur bis Januar. Ich schreibe Ihnen einen Schuldschein, damit Sie eine Sicherheit in Händen haben. Für alle Fälle, falls mit mir etwas passiert." Sie klopft beschwörend dreimal mit dem Fingerknöchel auf den Holztisch und lächelt ein ganz klein wenig.

Danach bleibt es eine Zeitlang still zwischen den beiden Frauen. Jede hängt eigenen Gedanken nach. Charlotte Heyse rührt mit dem Löffel im Kaffeesatz. Plötzlich sagt sie lebhaft: „Meine Tochter würde aus allen Wolken fallen, wenn wir unverhofft ankutschiert kämen!"

Montag, 8. Oktober, 9 Uhr 10

Nachdem der Amtsleiter die von Major Kunze vorgelegten vier Akten geprüft hat, erklärt er den Fall zum Brennpunkt. Das bedeutet für alle Dienststellen des Kreisamtes, daß jeder

in seinem Zuständigkeitsbereich an der Klärung des Brennpunktes „Stadtgespenst“ mitarbeitet. Diese Aufgabenstellung hat Vorrang.
Nach Bekanntgabe der Entscheidung finden in den einzelnen Abteilungen Sitzungen auf Leitungsebene statt, wo die anstehenden Maßnahmen besprochen werden. Noch am gleichen Tag erfolgt die Einweisung aller Kräfte des Kreisamtes in den Brennpunkt. In der Abteilung Kriminalpolizei wird ein ständiger Telefondienst eingerichtet, der für Hinweise aus der Bevölkerung zuständig ist und für alle Ergebnisse, die bei den Ermittlungen anfallen. Sammelpunkt also für sämtliche Informationen.
Major Kunze informiert den Leiter der Morduntersuchungskommission vom Brennpunkt. In der Bezirksbehörde werden daraufhin die Unterlagen geprüft. Die MUK kommt zu dem Schluß, daß die Bearbeitung weiterhin unter persönlicher Aufsicht und Verantwortung des K-Leiters Kunze erfolgen soll, da die Verdachtsgründe für das Vorliegen vorsätzlicher Tötungsdelikte sehr wacklig sind. Dem Kreisamt wird empfohlen, alle Kraft auf die Ergreifung der unbekannten Betrügerin zu richten. Dabei ist alles daranzusetzen, Hinweise zu erhalten, die den Verdacht auf Tötungsabsicht der Täterin erhärten.
Der Bereich Schutzpolizei verdoppelt seine Fußstreifen, auch die Besatzungen der Funkstreifenwagen werden verstärkt. Auf einer Beratung mit allen Abschnittsbevollmächtigten wird der konkrete Streifenplan für sie bekanntgegeben. Für die ABVs kommt es in nächster Zeit vor allem darauf an, Cafés, Parkanlagen und Kaufhallen in den Ermittlungsauftrag mit einzubeziehen. Außerdem sollen sie die Kriminalisten unterstützen bei der Überprüfung von 204 verbliebenen Schumann-Anschriften.
Die Namenliste wird im Laufe des Tages vervielfältigt und von einigen Kriminalisten stabsmäßig aufgeteilt. Bis zum Abend sind die Aufgaben verteilt. Als Endtermin für die Schumann-Überprüfungen bestätigt Major Kunze Mittwoch, den 17. Oktober, 18 Uhr.

Dienstag, 9. Oktober, 11 Uhr

Charlotte Heyse sitzt auf einem Hocker in der Küche, die Kartoffelschüssel auf dem Schoß. Ihre Finger hantieren flink mit dem Schälmesser. Sie summt ein Lied vor sich hin. Neben ihr steht ein Topf mit geschälten Kartoffelstückchen auf der Erde. Bevor sie nach einer neuen Kartoffel greift, schaut sie prüfend in den Kochtopf und zählt die kleingeschnittenen Stücken, die im Wasser schwimmen. Es reicht noch nicht.

Währenddessen öffnet sich leise die Küchentür. Erschrocken fährt die alte Frau herum. Sie hatte das Schließen an der Korridortür überhört.

„Da staunst du, daß ich schon so früh bei dir aufkreuze", sagt Marga heiter und gibt der verdatterten Schwägerin einen Begrüßungskuß. „Hast sicher erst in einer Stunde mit mir gerechnet. Kannst es ruhig zugeben."

„Das mit deiner Pünktlichkeit wird immer besser", bestätigt Charlotte anerkennend. „Aber unser Essen dauert noch."

Marga geht zum Gasherd und guckt unter die Topfdeckel. Schweinebraten und Rotkohl! Charlotte schüttelt ungnädig den Kopf.

„Daß du dich nie überraschen lassen kannst", sagt sie vorwurfsvoll. „Eines Tages bringt dich deine Neugierde noch um."

Als Marga jedoch beide Gashähne ausdreht, protestiert Charlotte energisch. Aber da ist Marga schon bei ihr und nimmt ihr Kartoffelschüssel und Schälmesser aus der Hand.

„Komm schon, Alte! Wir fahren an den Kiessee. Das Wetter ist zu schade zum drinnen hocken. Ein paar belegte Brote und eine Thermoskanne heißen Kaffee habe ich in der Tasche."

Charlotte fügt sich lachend in Margas Vorschlag.

Wenig später stehen beide eingepfercht im überfüllten Bus und lassen sich durchrütteln.

„Da lobe ich mir aber meine ruhige Wohnung", stöhnt Char-

lotte leise. Im selben Augenblick bremst der Bus scharf, bevor er in die S-Kurve einbiegt. Charlotte, auf Bremsen und Abbiegen nicht gefaßt, verliert das Gleichgewicht und landet mit einem kleinen Schrei auf dem Schoß eines jungen Mannes. Man sieht ihr an, der Vorfall ist ihr außerordentlich peinlich. Vor allem deshalb, weil Marga die Gelegenheit sofort ausnutzt und lauthals verkündet: „Schauen Sie nur! Das macht sie bei jeder Busfahrt. Ständig sucht sie Anschluß."
Wer das Ganze durch die Überfülle im Bus nicht bemerkt hat, dreht sich nun ebenfalls dem ungleichen Paar zu. Charlotte reagiert verlegen. Sie bemüht sich, würdevoll aufzustehen. Ein zweiter harter Ruck befördert sie zurück auf den Schoß des jungen Mannes.
„Sie sollten sich vorsehen! Das ist alles nur Berechnung", warnt Marga.
Dem jungen Burschen schießt das Blut bis in die Haarwurzeln. Er beginnt zu schwitzen. Charlotte kommt endlich wieder auf ihre eigenen Füße zu stehen. Sie murmelt leise eine Entschuldigung. Rings im Bus ist verhaltenes Lachen zu hören. Charlotte versetzt der vorlauten Schwägerin einen unsanften Stoß.
„Du immer mit deinen albernen Späßen", zischt sie Marga ärgerlich ins Ohr. Gottseidank haben beide ihr Ziel fast erreicht. Als der Bus in den Haltestellenbereich einfährt, drängelt sich Charlotte durch die dicht beieinanderstehenden Leute. Nach dem Türenöffnen steigt sie überhastet aus und stürzt aufatmend davon.
An der Haltestelle steigen die meisten Menschen aus. Marga ist eine der letzten, die den Bus verläßt. Sie hat Mühe, die Schwägerin einzuholen, die sich kein einziges Mal nach ihr umdreht.
„Ich weiß überhaupt nicht, warum du wie von der Tarantel gestochen davonsaust", sagt sie mit einem Lausbubenlächeln. Charlotte setzt zu ihrer zurechtgelegten Standpauke an. Doch Marga läßt sich nicht beirren. Versöhnlich hakt sie sich bei der anderen ein. „Der junge Mann konnte einem richtig leid tun", kichert sie. „Du wiegst immerhin hundert-

achtzig Pfund!" So ganz ist Charlotte noch nicht ausgesöhnt. Da sagt Marga ernst: „So was müssen die jungen Leute aushalten! Vor allem, da es heute scheinbar aus der Mode ist, alten Menschen einen Platz anzubieten."

Charlotte nickt zustimmend. Wieder einträchtig, schlendern beide langsam in Richtung Kiessee.

Die erst halbwüchsigen Pappeln, der steile Abfall der Rasenhänge ringsum, Eisenträger und Stahlseile, die vereinzelt aus der Erde ragen und die karge Grasnarbe erinnern daran, daß es vor knapp einem Menschenalter an dieser Stelle noch keinen See gab. Obwohl das Wasser glasklar ist mit reichlichem Fischbestand, mit Enten und Schwänen, eine Idylle also für viele Ausflügler – es bleibt ein künstlicher See. Ein Kiessee eben, der vollgelaufen ist, nachdem die Motorpumpen aufgehört hatten, den Grundwasserspiegel der Gegend abzusenken, weil sich ein Abbau industriell nicht mehr lohnte. Dann wurden die Böschungsränder begradigt, Bäume gepflanzt. Heute ist der Kiessee ein erschlossenes Naherholungsgebiet mit Strandkörben und Kiosken und Busverbindungen für die badefreudigen Großstädter.

Marga Heyse steht mit hochgerafftem Rock und barfuß am Wasserrand und versucht vergeblich, Charlotte zum Mitmachen zu bewegen. „Meschenskind! Kneippkur ist für den Kreislauf das Gesündeste, was es gibt", ruft sie ihr zu. „Das kannst du in jedem alten Wasserheilbuch nachlesen." Mutig watet sie über den kiesigen Untergrund, bis ihr das Wasser in die Kniekehlen schwappt.

„Aah, das weckt die Lebensgeister", lockt sie. „Du bist schön dumm."

Doch Charlotte ist nicht von ihrer Bank über dem Rasenhang herunterzulocken. „Ich gehe nicht mehr baden in meinen Jahren", wehrt sie entschieden ab.

Die Schwägerin läßt sich durch solche Reden nicht beeindrucken. „Du hast schon manches gesagt, was du nicht mehr tun wolltest", widerspricht sie und stapft kräftig weiter durch das Wasser. Trotz des sonnigen Wetters ist es schon Oktoberkalt.

Nach dem Wassertreten läuft Marga mit angewinkelten Armen auf dem Wiesenhang hin und her, bis sie in den Beinen ein wohltuendes Kribbeln fühlt. Charlotte breitet in der Zwischenzeit das mitgebrachte Tischtuch auf der Bank aus, stellt die Thermosflasche mit dem Kaffee drauf und legt die Stullen dazu. Als Marga dann endlich neben ihr auf der Bank sitzt, greift sie zum Frottétuch und reibt trotz Protest die Beine der Schwägerin warm.

„Du wirst dir noch einmal den Tod holen in dem eiskalten Wasser", schimpft sie leise. „Bist schließlich keine zwanzig mehr!"

Marga nimmt sich eines von den geschmierten Broten und beginnt zu essen. „Kriegt die Schumann nun dein Geld oder nicht?" fragt sie unvermittelt.

Charlotte bricht das Warmrubbeln ab. Ärgerlich stopft sie das Handtuch zurück in die Tasche. „Gibt es kein anderes Gesprächsthema für dich?" Mechanisch greift sie nach einer Klappstulle und beißt gereizt hinein. Ihr ist der Appetit vergangen. Beim Essen blickt sie stur geradeaus über den langgestreckten See.

Aber Marga läßt nicht locker. Sie dreht sich der anderen ganz zu. Dringlich redet sie ihr ins Gewissen: „Wirklich, Charlotte. Nimm das nicht auf die leichte Schulter. Was wissen wir denn von dieser Frau? Bei ihr zu Hause warst du auch noch nie. Dabei finde ich, es wäre an der Zeit."

Marga hält der Schwägerin den Trinkbecher mit heißem Kaffee hin. „Trink schon", fordert sie.

Du glaubst also immer noch, daß sie eine Betrügerin ist."

Marga sieht sehr wohl, daß sich Charlotte auf Verteidigung einstellt. Trotzdem antwortet sie ehrlich: „Ich bin mir nicht sicher. Aber diese ewige Unruhe seit Elli tot ist! Da fehlte im nachherein auch so viel Geld!"

Charlotte schüttelt bekümmert den Kopf. „Du bist ein alter Dickschädel. Mit Frau Schumann ist alles in Ordnung, sonst hätte sie mein Portemonnaie bestimmt behalten. Es lag oben auf der Einkaufstasche, und beim Schlüsselsuchen muß es mir im Hausflur heruntergefallen sein. Das ist jetzt vierzehn

Tage her. Wenn sie nicht ehrlich wäre, hätte sie sich die hundertzwanzig Mark in die eigene Tasche gesteckt."
„Das ist doch klar", entgegnet Marga heftig. „Das hat sie nur zurückgebracht, weil sie deine neuntausend kassieren will."
Charlotte Heyse steht auf. Erregt läuft sie ein paar Schritte, dreht sich dann plötzlich wieder der Bank zu und kommt zurück. Nach dem Setzen sagt sie fast trotzig: „Mittwoch oder Donnerstag nächster Woche hole ich das Geld von der Bank und basta! Ihr macht mich ganz konfus. Gisela redet neuerdings auch so merkwürdiges Zeug. Sag gleich, wenn du mit ihr unter einer Decke steckst."
Marga will auf jeden Fall einen neuerlichen Streit vermeiden. Das verhärtet die Fronten und führt zu nichts, findet sie. Deshalb stupst sie die Schwägerin aufmunternd in die Seite und verteidigt sich vorsichtig: „Sie geht mir aus dem Weg, das kannst du nicht bestreiten. Oder findest du es normal, daß sie immer schon weg ist, bevor ich komme? Die macht um mich einen Bogen. Ich rieche das förmlich."
Charlotte lacht kurz auf, „Ich sehe es dir an, du platzt fast vor Neugierde."
„Schließlich muß ich für Gustav mitdenken", sagt Marga ernst. „Das habe ich ihm am Sterbebett in die Hand versprochen. Der wußte sehr genau, daß du's manchmal verquer im Kopf hast."
Unvermutet heftig fährt Charlotte auf die Schwägerin los: „Laß Gustav aus dem Spiel!" fordert sie scharf. „Du hast doch nur Angst, dir geht was verloren." Marga will empört dazwischenfunken, doch Charlotte läßt sich nicht bremsen. „Plötzlich kreuzt ihr alle naselang bei mir auf. Auch Gisela ist ständig da. So ein junges Mädchen ... Ich bin doch nicht dumm!"
„Jetzt höre mir mal gut zu. Jahrelang habe ich dich nicht aus dem Haus gekriegt. Ich hatte es schlichtweg satt, ständig nur in deiner Bude herumzuhocken. Du kennst mich doch. Ich muß immer was erleben." In ihrer Erregung greift Marga nach Charlottes Hand und drückt sie derb. Da ihr die Schwägerin die Hand läßt, faßt sie sich ein Herz und gesteht: „Au-

ßerdem warst du in den letzten Monaten so unausgeglichen. Nichts konnte man dir recht machen. Da bin ich eben über längere Zeit weggeblieben. Ich gebe ja zu, es war auch ein bißchen Bequemlichkeit dabei."

Charlotte nickt betreten. Sie beginnt sich wegen ihrer Heftigkeit zu schämen. Natürlich weiß sie, daß sich die Schwägerin sorgt. Trotzdem bittet sie die andere: „Marga, halte dich da 'raus. Schließlich bin ich alt genug und muß selber wissen, was zu tun ist."

Eine Weile herrscht Schweigen zwischen ihnen. Dann flüstert Marga verschwörerisch: „Ich komme jetzt jeden Tag zu dir. Ich mache der Schumann Konkurrenz. Wäre doch gelacht, wenn ich sie da nicht endlich zu Gesicht bekäme."

Nun muß Charlotte doch über ihre verrückte Marga lachen, und alles ist wieder gut an diesem spätherbstlich warmen Tag.

„Wollen wir nicht mal verreisen? Nur wir zwei?" fragt Charlotte unvermittelt und scheinbar ohne Übergang.

Dienstag, 9. Oktober, 18 Uhr

Bei der Früheinweisung in den einzelnen Dienststellen erhielten ABVs, Streifengänger, Funkstreifenwagenbesatzungen und Kriminalisten Informationsblätter ausgehändigt, die in der Nacht gedruckt worden waren. Die Zettel hatten Vokabelheftgröße. Im oberen Drittel war das Ident-Kit-Bild zu sehen, das Klaus Bär nach Frau Damaschkes Angaben fertigte. Darunter folgte eine Personenbeschreibung dieser Frau Schumann, eine Altersangabe, die Beschreibung der Bekleidung und eine knappe Schilderung der Tatmerkmale.

Anschließend begannen in der gesamten Stadt L. die Überprüfungen von Schumann-Adressen durch ABVs und Kriminalisten. Eine Gruppe Kriminalisten hatte tagsüber noch einmal im Wohngebiet und im Haus von Gertrud

Kraatz ermittelt, jedoch keine Hinweise zur Täterin aufgefunden.
Die Arbeitsgruppe „Stadtgespenst" war als solche erhalten geblieben, da diese nach Kunzes Ansicht den größten Überblick besaß. Ihnen oblag es, alle schriftlich eingehenden Berichte zu sichten und Zusatzmaßnahmen zu koordinieren, falls diese notwendig wurden. Einer von den dreien hatte laut Weisung des Majors ständig im Haus verfügbar zu sein, möglichst in Reichweite des Telefondienstes. Die beiden anderen sollten die Suche nach der chinesischen Teekanne in Antiquitätengeschäften und An- und Verkaufsläden fortsetzen. Zwei Läden waren bereits von Karin Mikulka und einer von Klaus Bär überprüft worden.
Oberleutnant Peuker übernahm den ersten Innendienst, während sich Klaus und Karin in die Stadt begaben.
Major Kunze hat für 18 Uhr eine Beratung über den Stand der Ermittlungen im eigenen Bereich angesetzt. Er erfährt, daß 53 Namen überprüft sind, wovon 42 zweifelsfrei ausscheiden. Bei 11 Anschriften machten sich Zusatzprüfungen notwendig. Diese würde ein dafür zuständiges K-Team übernehmen, dem 20 Kriminalisten zugeteilt waren.
Leutnant Mikulka hatte in vier Antiquitätengeschäften die Ankaufsbücher geprüft und Leutnant Bär in drei An- und Verkaufsläden.

Mittwoch, 10. Oktober, 18 Uhr

Abendliche Berichterstattung: 68 überprüfte Adressen, 51 Frauen ausgeschieden, zu 17 Frauen müssen Zusatzermittlungen geführt werden.
Alle Antiquitätengeschäfte der Innenstadt sind überprüft und sieben An- und Verkaufsläden.
Eine Gruppe Kriminalisten hatte begonnen mit Ermittlungen im Hochhaus, wo Anna Linders wohnte – bislang ohne Erfolg.

Auf Grund der Zeitungsnotiz über die Betrügerin gab es erste Hinweise aus der Bevölkerung zu verdächtigen Frauen. Sie wurden überprüft. In keinem Fall konnte ein Zusammenhang zur gesuchten Täterin festgestellt werden.
Am Vormittag war ein Berater hinzugezogen worden, zuständig für kriminalistische Psychologie. Er hatte sich eingehend mit dem Zeitdiagramm der Arbeitsgruppe „Stadtgespenst" und allen Zeugenaussagen beschäftigt. Er stimmte der Auffassung zu, daß die Täterin ihre Handlungen genau plante. Auch er ging davon aus, daß diese Frau Schumann nicht mehr aufhören konnte. Er charakterisierte sie als einen Menschen mit mangelnder zwischenmenschlicher Anpassungsfähigkeit, gemütsarm, triebhaft, stimmungslabil und haltlos. Diese Merkmale, führte der Psychologe aus, könnten sich in der Täterin manifestieren bis hin zur Unberechenbarkeit, erhöhter Brutalität und Gemeingefährlichkeit. Trotz dieser Einschätzung war er der Meinung, daß die Frau frühestens in einer Woche wieder in Erscheinung treten würde. Er begründete es damit, daß es bislang keinerlei Hinweis auf eine veränderte Handlungsweise gab.

Donnerstag, 11. Oktober, 7 Uhr 37

Ungeduldig läuft Marga Heyse vor dem chemischen Institut der Universität hin und her. Studenten in größeren oder kleineren Gruppen und auch einzeln eilen an ihr vorbei und verschwinden in dem mehrstöckigen Haus. Leider sind Mike und Gisela nicht unter ihnen.
„Ich hätte doch ins Internat gehen sollen", hadert Marga halblaut mit sich. „Vielleicht liegen sie noch in den Federn, und ich stehe mir hier seit einer halben Stunde die Beine in den Bauch."
In diesem Augenblick ertönt Giselas verwunderte Stimme in ihrem Rücken. „Tante Marga! Ist was passiert?"

Die alte Frau blickt verdutzt nach der Nichte, die ihr aus der verkehrten Richtung entgegenkommt. Doch Gisela erklärt: „Ich bin bereits seit halb sieben im Institut. Du hättest nur hereinschauen brauchen. Wir bereiten die Versuchsreihen für die Vorlesung um acht Uhr vor. Ich habe dich bemerkt, als ich zufällig aus dem Fenster sah. Wo brennt's denn?"
„Da hinten kommt Mike", sagt Marga trocken. „Vor einer halben Stunde wäre es mir lieber gewesen." Sie deutet auf einige junge Männer, die sich im Eiltempo nähern. Nun entdeckt Mike seinerseits die Tante und löst sich aus seiner Gesprächsrunde, um sie zu begrüßen.
„Das ist ja eine Überraschung", sagt er erstaunt.
Mit genau zurechtgelegten Worten informiert Marga die jungen Leute über den Grund ihres Auftauchens. Sie berichtet den beiden über den momentanen Stand von Charlottes Idee, Geld zu verborgen. „Sie läßt sich nicht davon abbringen", sagt sie sorgenvoll. „Von keinem! Nächsten Feitag will sie der Schumann das Geld geben. Ich weiß nicht mehr, was ich machen soll."
Gisela sieht verstohlen auf ihre Armbanduhr. Es ist kurz vor Stundenbeginn. Auch Mike wird unruhig. Er kann die Ängste der Tante nicht teilen. Unter den Studenten ist gegenseitiges Aushelfen mit Geld normal. Niemand findet etwas Bedenkliches dabei. Warum sollte das unter älteren Leuten komplizierter sein, überlegt er. „Spielst du das Ganze nicht ein bißchen hoch?" fragt er deshalb verständnislos.
„Überlegt doch mal, wenn da was schiefläuft!" Die alte Frau wird unwirsch über so viel leichtfertigen Glauben. „Die Schumann braucht es nur nicht zurückzuzahlen. Dann ist Charlotte die Dumme." Tief beunruhigt fügt sie mit leiser Stimme hinzu: „ Ich habe so ein Kribbeln in mir. Außerdem wäre es mit der Schumann nicht so weit gekommen, wenn wir uns alle intensiver um Charlotte gekümmert hätten. Ihr seid nicht weniger schuld, wenn die Karre am Baum landet. Hinterher braucht sich dann keiner von euch rauszureden."
Aufgeregt schurrt Marga mit der Schuhspitze im Wegsand. Gisela und Mike tauschen einen schnellen Blick. Das Mäd-

chen deutet mit der Hand eine ratlose Bewegung an. Sie sind unschlüssig, was sie mit der alten Frau anfangen sollen.
„Charlotte ist zu vertrauensselig“, murmelt Marga. Da fährt sie unvermutet heftig auf die beiden los: „Neulich, das war gemein von euch! Ihr habt Charlotte mit dem Essen aufsitzen lassen. Dabei stand sie ab Mittag für euch in der Küche.“
„Wir haben uns längst entschuldigt“, wehrt Gisela den Vorwurf ab. „Da ist nichts mehr zu ändern. Verschusselt bleibt verschusselt.“ Sie sieht hilfesuchend zu Mike.
„Tante Marga, können wir das nicht später besprechen“, greift er ins Gespräch ein. „Unsere Vorlesung beginnt.“
„Spielt hier nicht die Unschuldigen“, antwortet die Tante ungnädig. „Ihr seid auch sonst nur auf einen Sprung bei Charlotte. Mit dem einen Bein ’rein, mit dem anderen schon wieder draußen. Oder stimmt das etwa nicht?“
Prüfend schaut sie von einem zum anderen. Gisela senkt schuldbewußt den Kopf. Doch bevor sie sich verteidigen kann, redet Marga weiter: „Von deiner Mutter wollen wir überhaupt nicht sprechen. Aber die kriegt ihr Fett auch noch, wenn hier alles im rechten Lot ist. Soweit müßtet ihr mich kennen.“
„Was du nur willst. Oma kommt blendend mit Frau Schumann aus“, entgegnet Mike vorsichtig. „Das scheint mir doch mehr eine echte Freundschaft zwischen den beiden.“
„Wer konnte denn ahnen, daß die so was Hinterhältiges mit Charlotte vorhat“, erwidert die Tante heftiger als gewollt. Mike hat sie an ihrem wunden Punkt getroffen. Einlenkend erzählt sie: „Dienstag, als das schöne Herbstwetter war, habe ich mit Charlotte eine Landpartie gemacht. An den Kiessee hinaus. Das war herrlich, sage ich euch. Gestern dachte ich bei mir, laß Charlotte nicht den ganzen Mittwoch allein hokken. Also bin ich am Nachmittag zu ihr gefahren. Aber Pustekuchen. Charlotte hatte der Schumann am Vormittag gezeigt, wie Thüringer Klöße zubereitet werden. Das Eßgeschirr stand noch unabgewaschen in der Küche. Eine neue Gießkanne für Blumen und Kakteen hat ihr die Schumann auch besorgt. Danach braucht ihr jetzt nicht mehr zu laufen.

Leider war sie schon wieder 'raus aus der Wohnung. Die scheint das zu riechen, wenn ich komme!" Gallig beschließt sie ihre Ausführungen mit dem Satz: „Frau Schumann ist jetzt für alles zuständig. Sie ist Nummer eins bei Charlotte!"
Gisela tritt ungeduldig von einem Bein aufs andere. Sie getraut sich nicht, die Tante stehen zu lassen. Die alte Frau sagt indessen zu Mike: „Das mit der fälligen Lebensversicherung im Januar, wovon Frau Schumann die Schulden zurückzahlen will, ist ein faules Ei. Ich spüre das."
Mike brummt etwas Unbestimmtes. Gisela schlägt vor, einen Brief an den Vater zu schreiben. Davon will die Tante nichts wissen. Sie befürchtet, daß Charlotte dann völlig verprellt wird. Giselas Vater mit seiner direkten Art eignet sich nicht als Vermittler.
Gisela wendet sich nun endgültig zum Gehen. Die Vorlesung hat vor zwei Minuten begonnen. Beschwörend greift die Tante nach ihrem Arm. Sie will sie aufhalten.
„Ich sorge mich so", bekennt sie ehrlich. „Wir müssen abwechselnd zu ihr. Jeden Tag! Die Schumann darf keine Minute mehr mit Charlotte allein sein. Schließlich ist Elli Krause auch um so viel Geld geprellt worden. Da hat ihr der Schuldschein gar nichts genützt."
Die Nichte macht sich resolut los. „Aber Tante Marga", sagt sie ungeduldig. „Das ist doch alles Unsinn. Oma ist erwachsen. Schließlich muß sie selber wissen, was sie will. Da können wir ihr doch nicht ständig reinreden." Dann hebt sie den Finger und droht der alten Frau mit einem winzigen Lächeln. „So ein ganz klein wenig glaube ich jetzt auch, daß du Gespenster siehst. Da hat Oma nicht so unrecht."
Beide verabschieden sich hastig von der verdutzt dreinschauenden Tante und laufen Hand in Hand ins Institut. Die alte Frau steht noch eine Weile auf dem breiten Weg und denkt vor sich hin. Die Unbedarftheit der jungen Leute macht sie sprachlos. Trotzdem ist sie weit entfernt davon aufzugeben.
„Immer muß ich alles allein machen", seufzt sie. „Aber das ist wohl mein Schicksal."

Es ist bereits später Nachmittag, als die Kriminalistin mit dem Trabant vor einem kleinen Antik-Laden im Norden der Stadt hält. Schon ein wenig müde steigt sie aus dem Auto, verschließt es und geht auf das Schaufenster zu. In der Auslage Omas Brillantring, Küchengeräte aus Porzellan, blankgeputzte Messingwärmflaschen, Bierkrüge aus Steingut, Silberbestecks. Alles akkurat und sehr wirkungsvoll gruppiert. Karin muß herzhaft gähnen. Sie klinkt die Ladentür auf und betritt den dämmrigen Verkaufsraum. Das gespannte Herzklopfen will sich nicht mehr einstellen. Es ist nach den ersten Besuchen von Antiquitätengeschäften bei der langwierigen Kontrolle der Ankaufsbücher verlorengegangen, hat statt dessen einer zähen Routine Platz gemacht.
Der menschenleere Raum strahlt gediegene Geborgenheit aus. Großmutters gute Stube sozusagen. Doch es bleibt keine Zeit für lange Betrachtungen. Fast lautlos öffnet sich im hinteren Teil eine zweite Tür, und es erscheint ein älterer Herr in grauem Maßanzug, durch das Schellen der Türglocke gerufen. Verbindlich lächelnd steuert er auf die vermeintliche Kundin zu und deutet eine Verbeugung an. Seine scheinbare Zerbrechlichkeit paßt zwischen diese Dinge von vorgestern, empfindet die Kriminalistin. Der Mann stellt sich vor und fragt nach den Wünschen der jungen Frau.
Karin Mikulka holt die dick in Zellstoff eingewickelte Porzellantasse von Gertrud Kraatz aus ihrer Umhängetasche und stellt sie behutsam auf einem sechseckigen Tisch ab. Vorsichtig entfernt sie die Umhüllung. Der Geschäftsführer blinzelt überrascht. Er nimmt die Tasse in die Hand und dreht sie dicht vor seinen Augen. Er begutachtet sachkundig die zarte Handmalerei.
„Haben Sie davon noch mehr?“ fragt er interessiert, ohne die Augen von der Ornamentik zu lassen.
„Das Service ist noch fast vollständig“, antwortet die Kriminalistin ausweichend. Sie beobachtet den älteren Herrn. Plötzlich überkommt sie das Gefühl, als kenne der Mann

das Blumenmuster. Sie fühlt, hier ist sie richtig!
Der Verkaufsstellenleiter schweigt. Offensichtlich wartet er mit viel Beherrschung auf ein Kaufangebot.
„Sie haben neulich die passende Teekanne dazu aufgekauft. Ich bin hinter der Teekanne her!“
Auf der Stirn des älteren Herrn erscheinen zwei Kummerfalten. Erregt flüstert er: „Die Dame versicherte mir, es existieren keine weiteren Stücke dazu. Wenn ich das geahnt hätte! Etwa vor einer Woche habe ich die Kanne für verhältnismäßig wenig Geld an eine Kundin verkauft.“
Für Sekundenbruchteile wird Karin schwarz vor Augen.
Der Verkaufsstellenleiter bemerkt das plötzliche Erblassen. Schnell greift er nach dem Ellenbogen seiner Kundin und dirigiert die junge Frau in einen Sessel. Er führt ihre Reaktion auf die Enttäuschung darüber zurück, daß das ersehnte Stück bereits verkauft ist. Doch Karin ist wieder okay. Das war nur die momentane Freude. Sie weist sich aus und fragt nach Ankaufdatum und Personalien des Verkäufers. Außerdem braucht sie die Anschrift des Käufers, denn die Porzellankanne ist Diebesgut. Der Kauf muß rückgängig gemacht werden. Der Mann deutet eine weitere Verbeugung an und verschwindet für kurze Zeit hinter der Tür im Ladenhintergrund. Bald darauf liegen alle Auskünfte schwarz auf weiß vor der Kriminalistin, und zwar mehr, als sie erwarten konnte. Der Ankauf erfolgte laut Eintragung in den Unterlagen am 18. September. Leider sind es nicht Frau Schumanns Personalien. Zwar kennt Karin die Anschrift der Person sehr genau, die angeblich den Verkauf getätigt haben soll. Aber das ist unmöglich. Zu diesem Zeitpunkt war die Frau bereits tot! Jemand anderer war statt ihrer im Laden.
Damit hält Karin einen neuen, gültigen Beweis von der Existenz des Stadtgespenstes in Händen! Erleichtert atmet die Kriminalistin auf. Manchmal zahlte sich Routine eben doch aus, auch wenn sie die Eintragung im Moment nicht sofort an die richtige Wohnungstür führt.

Wegen des Brennpunkteinsatzes „Stadtgespenst" war für alle Angehörigen des Kreisamtes das dienstfreie Wochenende gestrichen worden. Ausnahme bildeten die Urlauber. Zum Glück verlief der gestrige Freitag ohne besondere Vorkommnisse. Das heißt, die gesuchte Täterin trat nicht in Aktion. Es war ein kalkulierter Glücksumstand, denn noch waren etwa die Hälfte der Anschriften nicht überprüft. Außerdem bestätigte der ruhige Verlauf die These des Psychologen, der vermutet hatte, daß die Täterin frühestens am kommenden Wochenende handeln würde.
Eine Gruppe der Kriminalisten hatte noch den gesamten Donnerstag im Punkthochhaus zugebracht, in dem Anna Linders wohnte – ohne Ergebnis. Seit gestern mittag ermittelten sie in der Wohngegend von Frau Damaschke. Eine Befragung der alten Frau hatte nichts Neues ergeben.
Karin Mikulka meldet sich zu Dienstbeginn bei Major Kunze, da sie ihn am Vorabend nicht erreichte. Sie wird sofort hineingebeten.
„Ich habe sie!" frohlockt Karin und setzt sich auf den angebotenen Stuhl. Sie greift nach der Umhängetasche.
Der Major kennt diesen resoluten Griff nach der Tasche bereits. „Hoffentlich keine Hiobsbotschaft", antwortet er und lächelt.
„Im Gegenteil", sagt Karin stolz und holt die chinesische Blumenmustertasse heraus. Nach dem vorsichtigen Auspakken stellt sie die Porzellantasse vor Kunze auf den Schreibtisch. Er läßt sie gewähren, obwohl er die Tasse kennt.
„Sie erinnern sich sicherlich, daß die zur Tasse gehörige Teekanne Ende vergangenen Jahres von Frau Kraatz als gestohlen angezeigt wurde", faßt Karin den Anlaß für die Ermittlungen noch einmal zusammen.
Der Chef ist im Bilde. Er nickt. Gespannt fragt er: „Sagen Sie bloß, Sie haben ..." Er muß nicht weiterreden. Karins Vorankündigung beim Hereinkommen und ihre Freude waren unverkennbar.

„Die Teekanne wurde am achtzehnten September diesen Jahres mit dem Ausweis von Anna Linders in einem Antiquitätengeschäft im Norden der Stadt veräußert. Es gibt eine entsprechende Eintragung darüber im Ankaufsbuch“, berichtet Karin. „Wesentlich ist die Tatsache, daß Anna Linders zu diesem Zeitpunkt bereits vier Tage tot war! Damit hätten wir einen erneuten Beweis, der belegt, daß die Fälle Gertrud Kraatz und Anna Linders ebenfalls zusammenhängen. Vermutlich nahm diese Frau Schumann den Personalausweis an sich, als sie den Schuldschein über die sechstausenddreihundert Mark suchte und vernichtete. Das allerdings bleibt vorerst Hypothese.“
„Gut gemacht“, lobt Major Kunze. „Ich werde das in der Abendberatung bekanntgeben. Ein moralischer Aufwind nach den vielen Fehlschlägen tut uns allen not.“
„Leider bestätigt die Personenbeschreibung des Verkäufers nur Bekanntes. Er beschrieb mir die Täterin als große Frau mit grauer Lockenfrisur, die stark auf dem rechten Bein hinkte und eine dunkle Brille trug. Zweifellos unsere Täterin“, sagt Karin.

Sonntag, 14. Oktober, 16 Uhr

Seit zwei Tagen ermittelten zehn Kriminalisten in den Siedlungshäusern im Westteil der Stadt. Es hatte zahlreiche Hinweise gegeben zu der gesuchten Betrügerin aus der Zeitung. Dabei kristallisierte sich heraus, daß viele der Anrufer im gleichen Wohnviertel lebten. Einige der älteren Damen und Herren erschienen auch gleich selbst bei der Kriminalpolizei, um Anzeige zu erstatten. Es sah aus, als sei die Täterin erneut aktiv geworden, diesmal in einer bisher nicht gekannten Art und Weise.
Seit dem frühen Morgen sind die Kriminalisten nun schon wieder unterwegs, klingeln an allen Türen im Wohngebiet

und befragen die Mieter. Bisher haben sie insgesamt 24 Personen feststellen können, die geschädigt wurden. Die Täterin tauchte in den Tagen vom 1. bis 4. Oktober bei den Geschädigten auf. Meist in den Vormittagsstunden. Sie erzählte, daß sie ihr Portemonnaie verloren hätte und bat um fünfzig Mark, um wieder nach Hause fahren zu können. Sie versprach, das Geld am nächsten Morgen per Postanweisung zurückzuschicken. Ihre Not wirkte echt. Sie zeigte den Leuten ihren Personalausweis. Der war auf den Namen Gisela Schneider, Dessau, Gartenstraße 5, ausgestellt. Von den meisten erhielt sie den geforderten Betrag. Einige der Rentner hatten nur zwanzig Mark gegeben, da sie nicht genug Bargeld im Haus hatten. In zwei Fällen bekam die Frau sogar hundert Mark. Insgesamt ergab das eine Schadenssumme von 1120,- Mark.
Mit dem Namen und der Adresse war nicht viel anzufangen. Frau Schneider hatte am 3. Oktober im Dessauer Kreisamt den Verlust ihrer Handtasche und ihres Personalausweises angezeigt. Sie war im Kaufhaus bestohlen worden, als sie die Tasche neben sich abstellte.
Die Kriminalisten tragen bei ihren Nachforschungen eine übereinstimmende Beschreibung von der Trickbetrügerin zusammen. Die Frau wird von den Geschädigten als etwa ein Meter fünfundsiebzig groß beschrieben, Anfang fünfzig, schlank, mit dunkelbraunem, leicht gewelltem Haar, in die Stirn gekämmt. Der Zeichner fertigt ein Täterbild, auf dem die meisten sie sofort wiedererkennen.
Das gute Vorankommen in der Wohnsiedlung beflügelt die Kriminalisten. Trotzdem erhärten sich die Zweifel, daß es sich nicht um Frau Schumann handelt. Die Begehungsweisen sind zu unterschiedlich. Hier das dreiste Auftreten von Frau Schneider, der es egal scheint, von wem sie gesehen wird, im Gegensatz zu allen Brennpunkt-Fällen. Auch das Freitag-Prinzip wurde durchbrochen.
Parallel dazu werden immer mehr Schumann-Anschriften ausgeschieden. Zum gegenwärtigen Zeitpunkt liegen 163 Negativmeldungen vor.

Die Nachforschungen im Wohngebiet von Frau Damaschke werden ohne neue Erkenntnisse abgeschlossen.

Montag, 15. Oktober, 14 Uhr

Der Geschäftsführer des Parkhotels teilt telefonisch mit, daß ein Gast die Hotelrechnung geprellt habe. Eine gewisse Gisela Schneider, Dessau, Gartenstraße 5, die seit dem 1. Oktober im Hotel wohnte, habe das Hotel am Vormittag verlassen. Das Zimmermädchen bemerkte den heimlichen Auszug des Gastes und meldete es.
Kriminalisten der Spurensicherung fahren ins Hotel. Sie legen dem Personal das Identi-Kit-Bild vor. Sie erkennen die Frau wieder, die bei ihnen Hotelgast war.
Bei der anschließenden Spurensuche in deren Zimmer können mehrere Fingerabdrücke sichergestellt werden.
Gegen 18 Uhr wird der Zentralcomputer mit allen Daten, dem Identi-Kit-Bild und den Fingerspuren gefüttert. Kurze Zeit später steht fest, die Trickbetrügerin ist Helga Bleigrau, wohnhaft in Berlin. Die B. wurde im Mai aus dem Strafvollzug entlassen. Seither ist sie ohne Arbeit und festen Wohnort. Gegen sie wird vom Staatsanwalt Haftbefehl erlassen und die Fahndung eingeleitet.
Aber auch bei den Schumann-Überprüfungen wird es immer mehr zur Gewißheit, daß es sich hier um einen Falschnamen handelt, hinter dem sich die Täterin versteckt, denn zur Zeit liegen 197 Negativmeldungen vor. Noch immer ist das Stadtgespenst in der Vorhand, noch immer kann es sich einer Festnahme entziehen.

Dienstag, 16. Oktober, 9 Uhr 04

Zweimal ist Marga Heyse bereits an der Sparkasse vorbeigelaufen, umgekehrt und wieder vorbeigelaufen. Jetzt steht sie erneut vor den Steinstufen und überlegt, wie es am besten anzufangen sei. Zögernd steigt sie die Steinstufen nach oben und späht durch die vergitterte Türscheibe. Der enge Schalterraum ist leer, stellt sie beruhigt fest. Resolut klinkt sie die Eingangstür auf und geht mit scheinbar sicherem Schritt hinein.
„Ich muß sofort den Direktor sprechen!“ sagt sie bestimmt zu der jungen Angestellten am Schalter. Diese nickt unbeeindruckt, dreht sich auf ihrem Stuhl dem Raumhintergrund zu und ruft: „Lore, kommst du mal?“
In dem über dem Bankraum gelegenen Zimmer hört man Stuhlscharren. Kurz darauf erscheint die Leiterin der Filiale. Während sie die schmale Wendeltreppe hinabsteigt, mustert sie die ältere Dame, die ihr ungeduldig entgegensieht.
„Sind Sie wirklich der Leiter der Sparkasse?“ fragt Marga Heyse mit zusammengekniffenen Augen. Sie ist mißtrauisch. Die Frau ihr gegenüber ist höchstens Anfang Dreißig. Sie erscheint Marga Heyse zu jung für so einen verantwortungsvollen Posten.
Die Junge lächelt nachsichtig. „Mein Name ist Brauer. Ich leite diese Zweigstelle seit vier Jahren“, erklärt sie.
„Sie müssen mir helfen, sonst passiert ein Unglück“, beginnt die alte Frau eindringlich mit ihrer zurechtgelegten Rede. Sie ist aufgeregt und zapplig. Frau Brauer hört zuerst geduldig zu. So erfährt sie die ganze Geschichte von der Schwägerin Charlotte und ihrem Geld. „Sie will es am Freitag dieser Frau Schumann borgen“, berichtet sie. „Natürlich gegen meinen Willen.“ In ihrer Erregung bemerkt die alte Frau überhaupt nicht, daß Frau Brauers freundlich offener Gesichtsausdruck im Laufe der Erzählung schwindet. Die Leiterin der Sparkasse tauscht Blicke mit ihrer Kollegin. Ihre Meinung über Marga Heyse stand jetzt fest: eine durchgedrehte spinnige Alte! Jetzt kam es darauf an, die so geschickt wie möglich abzuschieben.

Marga Heyse greift nach Frau Brauers Arm. „Sie dürfen das Geld nicht auszahlen!“ sagt sie gerade eindringlich. „Sie müssen das unbedingt verhindern. Am besten, Sie sagen meiner Charlotte, eine so große Summe sei nicht im Tresor. Sie soll am Montag wiederkommen. Bis dahin fällt mir dann schon was Neues ein.“

Frau Brauer zuckt die Schultern. „Das verstößt gegen unsere Vorschrift“, erklärt sie der alten Frau. „Die Sparer dürfen durch ihr Kreditinstitut nicht behindert werden, wenn sie an ihr Guthaben wollen. Schließlich verwalten wir nur das Eigentum. Was Sie da von mir fordern, ist glatter Vertrauensbruch am Kunden“, sagt sie ablehnend. „Das kann sich keine Sparkasse leisten.“

Marga Heyse zieht ihre Hand zurück. „Das sind alles nur Worte“, erwidert sie ungerührt. „Die helfen mir nicht weiter.“ Sie blitzt die Leiterin zornig an, fragt, da diese nicht gewillt ist zu antworten: „Also muß das Kind erst im Brunnen liegen und ersaufen, bevor sich jemand rührt?“

„Warum gehen Sie nicht zu Ihrer Schwägerin und beraten das mit ihr? In aller Ruhe selbstverständlich. Ich finde, es wäre das Gescheiteste“, schlägt Frau Brauer sachlich vor. „Uns sind da wirklich die Hände gebunden.“

„Aber Sie könnten ihr doch wenigstens ins Gewissen reden, wenn sie zu Ihnen kommt und soviel Geld verlangt. Vielleicht hört Charlotte auf Sie und wird vernünftig“, wagt Marga Heyse einen letzten Vorstoß. „Ich kann nichts dafür, daß die Schumann sie so eingewickelt hat, daß sie meinen Rat einfach ignoriert.“

Jetzt mischt sich die junge Schalterangestellte ins Gespräch ein: „Wenn Sie der Auffassung sind, daß diese Frau Schumann eine Betrügerin ist, dann müssen Sie zur Polizei gehen. Die sind für so was zuständig. Aber vorher sollten Sie Frau Brauers Rat befolgen und noch einmal mit Ihrer Schwägerin sprechen. Sie sind doch beide erwachsen. Bestimmt findet sich eine Lösung, die allen recht ist.“

„Sie wollen mir nicht helfen!“ sagt die alte Frau bitter und sieht enttäuscht von einer zur anderen. Es ist zwecklos.

Eindringlich sanft wiederholt Frau Brauer noch einmal: „So begreifen Sie doch endlich, uns fehlt dazu die Berechtigung. Die Vorschriften, leider!“ Sie kommt um den Schalter herum und geleitet die alte Frau mit zwingender Freundlichkeit zur Tür. Wieder auf der Straße, steht Marga Heyse einen Augenblick hilflos herum. Sie ist sehr unzufrieden mit dem Gesprächsverlauf im Schalterraum. „Diese Bankleute haben kein bißchen Zivilcourage“, schimpft sie halblaut vor sich hin und macht sich auf den Heimweg. „Da war ich doch früher aus anderem Holz geschnitzt. Mann, wenn ich heute hinter dem Sicherheitsglas gesessen hätte!“ Die alte Frau winkt zornig ab. Einige Straßenpassanten drehen sich neugierig nach ihr um. Es ist Marga egal. Sie hat Wut. Die muß erst einmal abgeredet werden. Schließlich wäre es den beiden Sparkassendamen ein Leichtes gewesen, Charlotte etwas vorzugaukeln. Aber die wollten ja partout nichts von der Sache wissen. Die alte Frau seufzt bekümmert. Sie hatte es sich so schön ausgemalt.

Mittwoch, 17. Oktober, 18 Uhr

Die Trickbetrügerin Helga Bleigrau wurde durch Angehörige der Transportpolizei im D-Zug Berlin/Rostock festgenommen bei einer Personalausweis-Kontrolle. Die Trapo verständigt das Kreisamt in L. von dem Fahndungserfolg.
233 Schumann-Anschriften sind ausgeschieden. Übriggeblieben ist ein Einfamilienhaus im Nordosten der Stadt. Der ABV war sechsmal dort gewesen, ohne jemanden anzutreffen. Das Haus lag einsam; ringsum nur abgeerntete Getreidefelder und Stradtrandruhe. Aus den Karteien war bekannt, daß dort fünf Leute lebten: Renate Schumann, 45 Jahre alt, und der Ehemann, die beiden Söhne und Tochter Christine, 27jährig. Daß sich das Stadtgespenst ausgerechnet hinter der letzten Adresse verbergen sollte, daran wollte

niemand so recht glauben. Die Arbeitsgruppe „Stadtgespenst“ übernimmt die weiteren Ermittlungen, entscheidet Oberleutnant Peuker, als ihm der Fall vorgetragen wird.
Eine Gruppe Kriminalisten führte heute Ermittlungen bei Frau Spormann und in deren Wohngegend. Sie trafen auf eine Schichtarbeiterin, die sich an diese Frau Schumann erinnerte. Sie hatte die Täterin drei-, viermal auf ihrem Weg zu Elli Krause über den Hinterhof bemerkt. Eine Personenbeschreibung konnte auch sie nicht geben.
Ein gesamter Arbeitstag war für die Arbeitsgruppe „Stadtgespenst“ draufgegangen beim Sichten aller 233 Schumann-Protokolle. Fehler konnten die drei Kriminalisten nicht entdecken. In vielen Fällen hatten ABVs oder Kriminalisten die Frauen persönlich angetroffen, bei anderen halfen Hausbuchführer weiter oder Mitbewohner. Bei den meisten ging die Überprüfung schnell, da ja nur Frauen in Frage kamen, die am Tag arbeitsmäßig nicht fest gebunden waren oder solche, die trotz Arbeit die Möglichkeit hatten, den Betrieb für ein bis zwei Stunden zu verlassen. Einige fielen durch Alibis heraus: Reisen, Krankheit, Besuche. Bei etwa 60 Frauen war das Äußere extrem abweichend. Sie waren zu klein, zu dick, übergroß, mit auffälligen Körperfehlern.
Die Überprüfung der Telefonhinweise zur Betrügerin aus der Zeitung war ebenfalls abgeschlossen. Ein Zusammenhang mit den Brennpunkt-Fällen konnte nicht hergestellt werden.

Donnerstag, 18. Oktober, 14 Uhr 28

Marga Heyse kommt, mit einem Karton unter dem Arm, aus einem Schuhladen in der Innenstadt. Eilig geht sie an den Schaufenstern entlang, wirft ab und an einen flüchtigen Blick auf die Auslagen, dann wieder auf die vielen Menschen, die im Einkaufsviertel promenieren oder mit vollen Taschen und Beuteln aus irgendwelchen Läden strömen.

Doch plötzlich stutzt sie und sperrt Augen und Mund auf vor Überraschung. Etwa fünfzig Meter von ihr entfernt verläßt eine nicht mehr ganz junge Frau mit mittelblonder Kruschellöckchenfrisur das Tagescafé. Fast hätte Marga Heyse sie nicht wiedererkannt. Die andere ist heute viel moderner gekleidet. Dadurch wirkt sie auf Marga nicht älter als Anfang Vierzig. „Das kann doch nicht wahr sein", murmelt sie halblaut. Die Frau trägt zum grauen Kostüm weinrote Schuhe mit gedrungenem Absatz und eine gleichfarbige Umhängetasche. Obwohl Marga Heyse die Frau nur einmal gesehen hat, gibt es für sie keinen Zweifel. Die so fremd herausstaffierte Frau vor ihr auf dem Bürgersteig ist niemand anderes als die Schumann. Marga weiß, sie kann sich auf ihr gutes Personengedächtnis verlassen.
Die alte Frau steht wie vom Donner gerührt und gafft der Erscheinung bewegungsunfähig hinterher. „Na, so was!" ist das einzige, was ihr im ersten Moment einfällt. Dann kneift sie sich kräftig in die Wange. Beim schmerzhaften Gesichtverziehen spürt sie überdeutlich, daß es kein Tagtraum ist, sondern Wirklichkeit. Doch bevor sie sich besinnt und hinterherläuft, ist Frau Schumann bereits in einer der Passagen verschwunden, und Marga kann sie beim Nachrennen auch nicht wieder entdecken.
„Das muß ich gleich nachher Charlotte erzählen", murmelt sie immer noch fassungslos vor sich hin.

Donnerstag, 18. Oktober, 15 Uhr 30

Oberleutnant Peuker war zum Telefondienst eingeteilt worden und mußte im Kreisamt bleiben. Karin Mikulka und Klaus Bär hingegen meldeten sich gleich nach dem Frührapport außer Haus. Obwohl sie sich nicht viel davon versprachen, wollten beide noch einmal alle Kontaktpersonen zu Frau Schumann aufsuchen.

„Besser als hier herumzusitzen“, entgegnet Karin heftig auf Ulf Peukers Einspruch gegen ihr Unternehmen.
Ulf winkte ab. „Sinnlos, durch die Gegend zu hetzen! Und die Leute zu nerven, bringt auch nichts“, beharrte er auf seinem Standpunkt. Doch Karin und Klaus ließen sich nicht beirren.
„Wir fahren“, entschied die Kriminalistin. Sie wirkte überreizt und nervös. In der Nacht hatte sie nur drei Stunden geschlafen und das sehr schlecht. Alpträume schreckten sie mehrfach schweißgebadet hoch.
Leider erbrachten die nochmaligen Befragungen von Frau Damaschke und Luise Spormann nichts Neues. Genau, wie es Ulf Peuker vorausgesehen hatte. Trotzdem fuhren die beiden Kriminalisten im Anschluß daran zum Städtischen Krankenhaus. Doch dann stiegen sie nicht aus, sondern Klaus startete wieder und rollte in Richtung Innenstadt zurück. Karin schämte sich plötzlich, den todkranken Jansen ein weiteres Mal mit Fragen zu belästigen und selber keinen Schritt weitergekommen zu sein.
„Man kann es auch übertreiben“, sagte sie zu Klaus und hinderte ihn am Aussteigen. Er hatte etwas Ähnliches beim Halt vor dem Krankenhaus gespürt. Daraufhin waren sie umgekehrt.
Sollte die Zeit auch noch für ein Gespräch mit Marga Heyse reichen, mußten sie sich ohnehin sputen, da sie sich nur bis 14 Uhr abgemeldet hatten. Sie parkten das Auto auf dem Opernplatz und liefen den Rest zu Fuß, denn im gesamten inneren Zentrum der Stadt bestand Parkverbot. Doch sie hätten sich ihren eiligen Marsch sparen können. Trotz heftigen Klingelns an Margas Wohnungstür öffnete niemand.

Donnerstag, 18. Oktober, 17 Uhr

Marga Heyse stürmt die Treppe zu Charlottes Wohnung im Eiltempo hoch. Oben angelangt, läutet sie bei der Schwägerin Sturm, und als die nicht gleich öffnet, hämmert sie auch noch mit einer Faust kräftig gegen die Tür.
„Du erschreckst mich noch mal zu Tode“, sagt Charlotte aufgebracht, als sie sieht, wer diesen Lärm veranstaltet. „Ich denke, es ist sonst was passiert!“
Kopfschüttelnd geht sie vor Marga her ins Wohnzimmer.
„Hast du denn keinen Schlüssel?“ fragt sie unwirsch. „Außerdem, was willst du schon wieder hier? Du warst doch erst am Vormittag da.“
Marga winkt ab. Nach Luft japsend, läßt sie sich in den tiefen Ohrensessel am Fenster sinken. Allerdings ist sie viel zu zapplig für langes Sitzen. „Du, ich muß dir was Wichtiges erzählen“, sagt sie.
Charlotte Heyse ist in der Zimmermitte stehengeblieben. Gewohnheitsgemäß fragt sie: „Willst du einen Kaffee?“
Marga verneint. Sie hat einen beim Friseur getrunken. Außerdem wollte sie nur auf einen Sprung vorbeischauen und ihre Neuigkeit loswerden. Sie wippt sich aus dem Sessel hoch und zieht Charlotte kurzerhand zum Tisch, wo sie die Schwägerin auf einen Stuhl dirigiert. Danach setzt sie sich selbst feierlich zurecht.
Charlottes Gesichtsausdruck wechselt bei diesen Vorbereitungen von Neugierde und Gespanntsein zu Besorgnis. „Was Schlimmes?“ fragt sie erschrocken.
Marga holt tief Luft, dann sprudelt es aus ihr heraus: „Ich habe dir neulich von meinem Friseurtermin erzählt und daß ich mir vorher ein paar Schuhe für Regenwetter kaufen gehe. Du erinnerst dich?“
Charlotte nickt geduldig. Scheint Gottseidank nichts Ernsthaftes passiert zu sein, denkt sie erleichtert. Sonst würde die Schwägerin nicht so weit ausholen. Sie lehnt sich bequem gegen die Stuhllehne.
„Wie ich so die Straße nichtsahnend entlangbummele“,

schmückt Marga ihre Geschichte aus, „wer scharwenzelt da aus einem Café, direkt vor meiner Nase? Naaa?“ Marga springt von ihrem Stuhl auf, tänzelt, den Hintern ordentlich schwingend, halb auf Zehenspitzen vor der Schwägerin auf und ab. Natürlich weiß sie, daß ihre Darbietung leicht übertrieben ist, trotzdem unterstreicht sie ihre weitere Rede mit großen Gesten: „Wuschelkopf mit Löckchen. Mittelblond. Superschicke Klamotten. Mindestens aus dem Ex.“
Marga bleibt abrupt stehen, stützt beide Arme auf dem Tisch auf und sieht Charlotte triumphierend an.
„Das errätst du nie!“ sagt sie. Dann ganz leise und ungekünstelt: „Die Schumann!“
Während sich Marga wieder setzt, richtet sich Charlotte gerade auf und fragt freundlich harmlos: „Wann soll denn das gewesen sein? Heute?“
Marga reagiert ungeduldig, erklärt eindringlich: „Ich sage dir doch, ich war auf dem Weg zum Friseur. Gegen halb drei, wenn du es genau wissen willst.“
Charlotte steigt das Blut in den Kopf. Sie ist ehrlich empört. Sich zur Ruhe zwingend, sagt sie mit unterdrückter Entrüstung in der Stimme: „Kennst du Frau Schumann überhaupt? Du hast sie doch nur ein einziges Mal auf dem Friedhof gesehen.“
„Da hört sich alles auf. Ich mit meinem guten Personengedächtnis.“
„Also Marga! Jetzt ist es genug! Frau Schumann war bis vor einer halben Stunde bei mir. Was du dir neuerdings alles ausdenkst, ist einfach unglaublich. Ich weiß genau, daß sie dreiviertel drei gekommen ist, denn da fing gerade die schöne Musiksendung im Radio an. Daher kann sie niemals um halb drei in der Innenstadt gewesen sein. Von dort bis zu mir braucht man eine halbe Stunde mit der Straßenbahn!“
Sie sieht Marga mit einem traurig hilflosen Lächeln an und schüttelt den Kopf: „Frau Schumann hatte wie immer den braunen Rock an mit der gepunkteten Bluse. Kurze graue Haare trug sie auch noch. Nichts mit blond.“

Marga stemmt die Fäuste in die Hüften. Ihr bleibt die Spucke weg bei so viel Unglauben.
„Ich lüge also?“ fragt sie, und ihre Stimme kriegt einen leicht fauchenden Unterton.
Charlotte läßt sich davon nicht beeindrucken. „Natürlich“, erwidert sie trocken. „Das sind doch alles Theatertricks von dir, um mir meine Freundin auszuspannen.“
Marga hebt die Antwort fast vom Stuhl. Hysterisch kreischt sie: „Freundin! Daß ich nicht lache!“ In ihrer Rage zeigt sie der Schwägerin einen Vogel.
Jetzt ist es an Charlotte, aus der Haut zu fahren. In ihrer Erregung steht sie auf und läuft im Zimmer umher. Sie sucht nach passenden Worten für das unmögliche Verhalten der anderen: „Ich muß mir so ein Affentheater in meiner eigenen Wohnung nicht bieten lassen.“ Sie bleibt vor Marga stehen und sagt böse: „Du mit deiner ewigen Eifersucht! Mit deiner ... deiner Geldgier!“
Charlotte atmet auf. Jetzt ist ihr leichter. Gegen diese Gängelei von Marga in den letzten Tagen und Wochen mußte endlich was gesagt werden. So geht das nicht weiter, denkt Charlotte und setzt sich wieder.
Marga kocht vor Wut. Unvermindert heftig fährt sie auf Charlotte los: „Ich schnappe gleich über“, droht sie. „Oder ich kriege einen Koller oder so was. Du mit deiner hoffnungslosen Verbohrtheit. Es wird Zeit, daß du aufwachst.“ Sie keucht erbost.
Wie zwei Kampfhähne rucken die Köpfe unversöhnlich aufeinander zu, und Charlotte schreit: „Ich zahle dir was von meinem Geld aus, damit du Ruhe gibst. Aber dann rutsche mir den Buckel ’runter.“
Die Schwägerin kreischt unbeherrscht los. Sie deutet respektlos an, daß sie sich damit nur den Hintern wischen würde und weiter nichts. Aber schon schleudert ihr Charlotte voller Triumph entgegen: „Ich schicke es dir mit der Post. Gleich morgen. Und Frau Schumann bekommt morgen nachmittag auch ihr Geld, basta.“
Plötzlich steht Marga ganz still im Raum und winkt resig-

niert ab. Leise sagt sie: „Dann renne in dein Unglück. Schmeiß ihr das Geld in den Rachen. Aber heule dich anschließend nicht bei mir aus. Nicht bei mir, Charlotte!"
Bei diesen Worten macht Marga Heyse auf dem Absatz kehrt und rauscht hocherhobenen Kopfes aus dem Zimmer. Hinter ihr fliegt die Stubentür krachend ins Schloß. Auf dem Flur fetzt sie ihre Jacke vom Garderobenhaken, dann kracht auch die Korridortür.
Charlotte sitzt während des theatermäßigen Abganges steif gerade. Bei jedem neuen Knall schrickt sie zusammen. Doch nun dringt zu guter Letzt ein dumpfer Schlag aus dem Treppenhaus zu ihr herauf, der die Fensterscheiben klirren läßt. Das war die große Haustür. Die ist vorzüglich zum Zuknallen geeignet.

Donnerstag, 18. Oktober, 22 Uhr 25

Karin Mikulka und Klaus Bär hatten es freiwillig übernommen, am späten Abend noch einmal in den Nordosten der Stadt zu fahren. Als Klaus den Trabant vor dem Einfamilienhaus anhält, atmen beide erleichtert auf. In zwei Fenstern brennt Licht. Also mußte jemand in der Wohnung sein. Klaus sieht auf seine Armbanduhr und zögert. Doch dann schaltet er den Motor entschlossen ab.
„Hoffentlich öffnet einer", sagt Klaus Bär zweifelnd, während sie auf das Haus zulaufen. „Es ist schon reichlich spät."
Da das Gartentor unverschlossen ist, gehen beide bis zur Haustür. Karin läutet. Dabei horcht sie erstaunt in sich hinein. Keinerlei Regung. Nur Müdigkeit ohne Hoffnung. Sie sieht verstohlen zu Klaus auf, doch sein Gesicht verrät nichts. Gleich wird sich ein Fenster auftun oder die Tür, überlegt Karin. Dann nimmt die Überprüfung der allerletzten Schumann-Adresse ihren Lauf. Danach würde Gewißheit sein.

Unter der Haustür flammt das Licht auf. Anschließend öffnet sich neben der Haustür ein Fenster spaltbreit, und ein junger Mann schaut befremdet und wenig sprechbereit auf die unbekannten Leute. Klaus Bär stößt die Kollegin heimlich an. Karin Mikulka entschuldigt sich daraufhin für die späte Störung. Sie stellt sich vor und fragt höflich bestimmt, ob die Eltern fünf Minuten zu sprechen wären. Es sei wichtig. Der etwa zwanzigjährige Bursche im Ringelpullover läßt ein unbestimmtes, mürrisches ‚Hm ... m' verlauten und schließt das Fenster.
„Die letzte Befragung schenke ich dir", flüstert Klaus bedeutungsvoll. Doch Karin ist jetzt nicht aufgelegt für Scherze. Sie reagiert unwirsch.
Im Haus bleibt es eine Weile still. „Die beratschlagen sicherlich, ob sie uns hereinlassen müssen", vermutet Karin. „Hoffentlich vertrösten sie uns nicht auf morgen. Wäre ihr gutes Recht."
„Abwarten", sagt Klaus optimistisch.
Kurz darauf öffnet der junge Mann die Haustür. Er besieht sich den entgegengehaltenen Dienstausweis sehr gründlich. Dann bittet er die Besucher in die Diele. Zur gleichen Zeit kommt die Mutter die breite Holztreppe hinunter. Sie ist bereits im Morgenmantel. Die Kriminalisten werden aufgefordert, Platz zu nehmen.
Noch einmal entschuldigt sich Karin höflich für die Störung und fügt einen Dank an, daß sie zu dieser späten Stunde empfangen werden. „Wir versuchen, Sie seit einer Woche zu erreichen", erklärt Karin wahrheitsgemäß. „Heute sind wir das siebte Mal hier", sagt sie und faßt damit die vergeblichen Versuche aller Kollegen zusammen. Sie mustert die kleine, dickliche Frau ungeniert, die ihr aufmerksam zuhört.
„Wir waren bei Freunden in der Hohen Tatra."
Karin lächelt verstehend. „Da kann ich mir natürlich die Finger wundklingeln", sagt sie freundlich. „Wissen Sie noch, an welchem Tag Sie abgefahren sind?"
Die Frau sieht unsicher zu ihrem Sohn, der als Beobachtungsposten auf der Treppe stehengeblieben ist.
„Mittwoch, 27. September", antwortet er zurückhaltend.

„Ach, das ist schade", bedauert Karin Mikulka. „Dann können auch Sie mir nicht weiterhelfen. Wir suchen einen Augenzeugen für ein Geschehen am Freitag, dem fünften Oktober. Ein Mopedunfall, ganz in der Nähe. Bisher konnten wir die Umstände, die dazu führten, nicht vollständig aufklären." Karin erhebt sich und dankt noch einmal für das freundliche Entgegenkommen. Jetzt steht auch Klaus Bär auf. „Es tut mir leid, daß wir Ihnen nicht behilflich sein konnten", sagt die Frau. „Wo Sie so oft vergeblich hier waren." Sie begleitet die Kriminalisten zur Tür. „In diesem Jahr ist die gesamte Familie in der ČSSR gewesen. Es kommt nur alle paar Jahre vor, daß alle Zeit und auch Lust haben zum Mitfahren." Die Frau verabschiedet sich und verschließt hinter ihnen die Haustür. Kurz darauf verlöscht das Außenlicht.

Wieder im Auto, schaltet Karin die Innenbeleuchtung ein und streicht in ihrem Arbeitsjournal den einzigen übriggebliebenen Namen. Sie notiert in knappen Worten das eben Gehörte. Klaus zündet sich in der Zwischenzeit schweigend eine Zigarette an. Es gab nichts mehr zu tun außer abzuwarten, wußten beide.

Wütend schlägt Karin mehrfach mit der flachen Hand gegen das Handschuhfach und murmelt dabei in zorniger Verzweiflung: „Verdammt! Verdammt! Verdammt!"

„Wir werden beobachtet!" Klaus schaltet die Innenbeleuchtung aus und startet den Motor. Beim Anfahren bemerkt auch Karin an der Bewegung der Gardine am Fenster neben der Tür, daß ihnen jemand zuschaut. Nicht sehr schnell lenkt Klaus Bär den Trabant zurück in Richtung Zentrum.

Eine Weile fahren sie schweigend. Obwohl sie mit diesem Ergebnis gerechnet hatten, bedrückt es sie beide.

„Ich bin hundemüde", gesteht Karin dem anderen ein. „Aber wenn ich im Bett liege, finde ich keinen Schlaf. Wenn bloß erst das Wochenende vorbei wäre."

„Geht mir genauso", antwortet Klaus ehrlich. „So ein verrückter Fall. Vier Leichen und so wenig Spuren. Kann es eigentlich nicht geben. Irgendwo muß ein Haken sein."

„Aber Informationen haben wir doch die Menge, uns fehlt nur der Schlüssel, sie zum richtigen Bild zu fügen“, erwidert die Kriminalistin überzeugt. Sie knirscht mit den Zähnen. Langsam, unaufhaltsam kriecht sie eine tiefe Hilflosigkeit an. Solche Verlorenheit überfällt sie manchmal auf großen leeren Plätzen oder im Trubel riesiger Menschenansammlungen. Da war es gut, Klaus Bär neben sich zu wissen. Sie greift nach seinem Arm und hält sich einen Moment an seinem Ärmel fest.

Feitag, 19. Oktober, 9 Uhr

Vor dem Eingang der Sparkasse warten mehrere Leute. Das Neonlicht im Innern brennt bereits, und eine Angestellte hat soeben hinter dem Schalter Platz genommen.
„Meine Uhr ist zwei Minuten nach neun“, sagt ein Herr in mittleren Jahren gereizt. „Worauf warten die denn noch?“
Die Schlange ist auf zehn Leute angewachsen. Man hört unterdrücktes Murren. Gerade will eine Frau gegen die Türscheibe klopfen, da erscheint die Leiterin der Filiale, Frau Brauer, und läßt die Ungeduldigen herein. Als vorletzte betritt Charlotte Heyse den kleinen Schalterraum.
Auch Marga Heyse ist zur Stelle. Sie steht schräg gegenüber in einem Hauseingang und sieht durch einen Türspalt zu Charlotte hinüber. Bis zu dem Augenblick, da die Schwägerin die Filialräume betritt, hat sie inständig gehofft, Charlotte würde es sich in letzter Minute doch noch überlegen.
„Wäre ja auch zu schön gewesen“, brummt Marga und schneuzt sich.
Sie verläßt ihren Beobachtungsposten und wechselt auf die gegenüberliegende Straßenseite. Sich dicht an den Häuserwänden haltend, schleicht sie bis zum Sparkasseneingang und späht durch die Türscheibe. Charlotte dreht ihr den Rücken zu. Mit wachen Augen und leise vor sich hin schimp-

fend, schaut sie zu, wie die Schwägerin langsam auf den Schalter zurückt.
„Ich möchte nur wissen, warum sie sich fürs Geldabheben das gute Kleid übergezogen hat. Das sind ja völlig neue Moden", murmelt sie und schüttelt verständnislos den Kopf.
Dann ist die Schwägerin an der Reihe. Sie beugt sich zum Schalter vor. Marga verspürt einen Stich in der Herzgegend. Auch wenn sie es nicht hören kann, weiß sie, was Charlotte gerade von der Angestellten verlangt.
„Neuntausend", stöhnt sie auf und beißt sich schmerzhaft in den Handrücken, damit ihr Temperament nicht mit ihr durchgeht. Am liebsten würde sie jetzt in den Schalterraum stürzen und die Schwägerin wegholen. Der Bißschmerz treibt ihr die Tränen in die Augen. Derweilen zählt die Kassiererin hinter dem Schalter gleichmütig das Geld vor. Marga beobachtet noch, wie Charlotte es sorgfältig glättet und in einen Briefumschlag steckt. Dann muß sie sich beeilen. Gleich wird sich die Schwägerin umdrehen und herauskommen.
Die Handtasche fest in die Armbeuge gepreßt, geht Charlotte auf kürzestem Wege nach Hause. Marga folgt in gehörigem Abstand bis in die Platanenstraße. Sie ist erst wieder halbwegs ruhig, nachdem sie sicher ist, daß Charlotte das Geld heil bis in die Wohnung gebracht hat.

Freitag, 19. Oktober, 13 Uhr

Charlotte Heyse hat sich zum Mittagessen einen Rest Kartoffelsuppe aufgewärmt. Nach der schnellen Mahlzeit will sie sich ein Stündchen schlafen legen.
Doch zuvor geht sie zum Wohnzimmerschrank. Sie nimmt den Schlüssel unter der Uhr hervor, schließt die linke Tür auf, zieht das Sparbuch mit dem Geldumschlag zwischen den Bettlaken heraus und geht damit zurück zum Tisch und setzt

sich. Sie stülpt den Briefumschlag auf die selbstgestickte Kreuzmusterdecke und greift nach dem Packen Scheine, dreht und wendet ihn und besieht ihn von allen Seiten. Danach beginnt sie die Tausenderbündel noch einmal durchzuzählen. Die ausgezählten Päckchen verteilt sie über den Tisch. Staunend fahren ihre Finger über das viele Geld.

„Ein halbes Leben Arbeit", murmelt sie nachdenklich. Ihre Hände schieben die Scheine zusammen, verteilen die Bündel wieder und sammeln neu ein.

„Vielleicht sollte ich es doch lieber behalten", redet sie mit sich. „Ich kann es jetzt selber ausgeben. Ich spendiere Marga eine Reise nach Budapest. Zur Versöhnung. Obwohl sie das nicht verdient hat!"

Charlotte Heyse lächelt. Dann legt sie die Bündel ordentlich übereinander, alle in eine Richtung. Das ist schon eine komische Sache, denkt die alte Frau dabei mit gemischten Gefühlen, wenn das ganze Gesparte plötzlich vor einem liegt.

Freitag, 19. Oktober, 13 Uhr 54

Die Frau lehnt reglos am Küchenfenster einer kleinen Zwei-Zimmer-Wohnung, die sie mit der kränklichen Mutter teilt. Hier oben, versteckt hinter der gestärkten, grobmaschigen, sauberweißen Gardine, fühlt sie sich sicher. Sie trägt eine kleingepunktete, dunkelgrüne Bluse mit langem Ärmel und hochgeschlossenem Bündchenkragen. Dazu einen dunkelbraunen Rock. Ihr schulterlanges Haar wird auf der linken Kopfseite durch eine unauffällige schmale Holzspange aus der Stirn gehalten. Es hängt glatt und schwarz herab. Die Frau ist achtundvierzig. Seit einem Jahr entfernt sie mit großer Sorgfalt freitagvormittags, nachdem sie der Mutter die Haare gewaschen und eingedreht hat, eigene Grauhaare. Die wachsen immer noch nur vereinzelt nach und lassen sich ohne Problem aus dem feinen Haar herausreißen.

Im Augenblick starren die hellblauen Augen der Frau auf den leeren Hinterhof hinunter oder besser, die haben sich in gespannter Aufmerksamkeit an der Durchgangstür zum Vorderhaus festgehängt. Sie wartet. Bewußt, seit einer Viertelstunde. Da hatte sie das erste Mal auf ihre Armbanduhr gesehen. Davor stand sie einfach nur mit sich am Fenster. Stand einfach da, wie an vielen anderen Tagen auch und träumte.
Doch jetzt weiß sie, es ist gleich zwei Uhr nachmittags. Ihre Hände krampfen sich in nervöser Spannung. Die kurzen Fingernägel sind tief ins Fleisch gepreßt. Immer öfter lauscht sie mit angehaltenem Atem auf die Stille in der Wohnung. In immer kürzeren Abständen vergleicht sie die Armbanduhrzeit mit der Küchenuhr. Dabei spürt sie ein wohliges Prickeln unter der Kopfhaut. Das nimmt zu bei jedem Minutenruck, der den Zeiger der vollen Stunde näher bringt.
Nur noch zwei Minuten, dann wird Emilie an der Tür läuten. Die kommt immer freitags! Punkt zwei. Seit vierzig Jahren. Aber heute schläft die Mutter noch. Die Frau lacht zufrieden. Sie hatte es also wieder einmal geschafft. Wieder einmal gerät ein Freitag aus seiner üblichen Ordnung. Dabei war es diesmal fast zu glatt gelaufen. Ein lustiges Spiel eben. Dreißig beruhigungstropfen statt zwanzig ins Wasserglas waren nicht auffällig. Der Geschmack des Mittagstrunks eine Idee bitterer. Nicht gefährlich für die Mutter. Es verlängerte nur die Tiefschlafzeit. Ein Schabernack also. Mehr konnte es nie sein. Emilie würde nach ihrem Eintreffen in Windeseile die gewohnte Ordnung wiederherstellen. Daran war sie nicht zu hindern. Sie übernahm die Regie mit eiserner Hand. Emilie tat das so gründlich, daß es für die ganze Woche reichte. Deshalb träumte die Frau am Küchenfenster auch so oft ihren wunderlichen Tagtraum. Diesen Traum vom roten Lada, der eine schnurgerade Straße entlangfährt. Er rollt und rollt. Sie, die Frau vom Fenster, sitzt am Lenkrad des signalroten Wagens. Emilie steht am Ende der Straße. Sie verstopft förmlich den Ausgang. Das rote Auto aber fährt und fährt. Es saust auf Emilie zu und mitten durch Emilie hindurch ...

„Du hast ja noch nicht einmal Wasser aufgesetzt!" Die Stimme klingt erschrocken. Fast lautlos ist die Mutter hereingekommen. Sie ist klein, und ihre Magerkeit vermag das großblumige Hängerkleid nicht zu verdecken. Die schmalen Lippen schimmern bläulich; das faltige Gesicht ist von der schweren Herzkrankheit gezeichnet.
Hastig läuft sie zum Herd und von dort mit dem Wasserkessel zum Boiler nach heißem Wasser. „Das hast du doch wieder mit Absicht gemacht. Dabei weißt du genau, ich darf mich nicht aufregen. Du verdirbst mir jede Freude."
Sie stellt den Wasserkessel auf das Gas.
Bei den ersten Worten der Mutter gefriert das zufriedene Lächeln auf dem Gesicht der Frau. Der Tagtraum verschwindet. Er wird einfach weggewischt durch die klagende Stimme. Dabei redet die Mutter zuerst mehr gegen die eigene Benommenheit an, die seit dem plötzlichen Hochschrecken auf dem Sofa noch nicht vergangen ist. Die Frau am Fenster dreht sich nicht einmal um. Die drückt nur den Rücken gerader, ein deutliches Zeichen dafür, daß sie ihren Fensterplatz nicht räumen will. Das kennt die Mutter zur Genüge.
„Willst mich wieder für dumm verkaufen. Denkst, deine Mutter merkt das nicht. Aber warte nur, bis Emilie kommt. Die wird dir schon Beine machen!"
Die alte Frau läuft eilig in der Küche hin und her. Sie stellt Geschirr auf dem Tablett zurecht und Kondensmilch und Zucker. Während sie Kaffeepulver in die Meißner Porzellankanne löffelt, redet sie gegen den Rücken der Tochter an. Nicht besonders laut. Eher wie in einem der vielen grämlichen Selbstgespräche, die von der Tochter abprallen und unbeantwortet im Raum hängenbleiben.
„Ich erzähle Emilie sowieso, daß du mich die ganze Arbeit allein tun läßt. Bei mir glaubst du immer, du kannst dir alles erlauben. Aber Emilie wird es dir schon zeigen!"
Die Stimme der Mutter hat an Schärfe zugenommen. Sie ist ein wenig hektisch wegen der fortgeschrittenen Zeit.
„Schneide wenigstens die Schokoladentorte auf. Oder schlage die Sahne. Vielleicht schaffen wir es noch."

War es die nörgelnde Stimme der Mutter oder ihre nervöse Hast, den Tag wieder in sein Gleichmaß zu bringen, oder war es beides? Langsam und unaufhaltsam kriecht Haß in ihr hoch.
Kriecht von den Zehen an aufwärts bis in die wasserblauen Augen. Zeitlupenhaft dreht sich die Frau vom Fenster weg, der Mutter zu und sagt: „Du meinst doch nicht im Ernst, daß die sich jemals verspätet!“
Herausfordernd stößt sie ihren Zeigefinger in Richtung Küchenuhr. Der Zeiger ruckt eben auf die volle Stunde. Die alte Frau faßt sich ans Herz. Doch da ertönt bereits lang anhaltend und dringlich die Türglocke. Die Frau am Fenster lacht böse auf. „Die alte Kuh geht nur deshalb zu Fuß, damit sie auf die Minute genau bei uns klingeln kann. Hoffentlich trifft sie bald der Schlag, damit Ruhe wird.“
Empört dreht sich die Mutter auf der Türschwelle nach der Tochter um: „Sag so was nicht noch mal, du ...“
Die Frau am Fenster zuckt mit den Schultern. Der Mutter bleibt keine Zeit für eine Reaktion. Eilig läuft sie zur Korridortür.
Emilie steht groß und füllig auf der Schwelle – wie immer mit weitoffenem Mantel und dunkelrot vor Luftknappheit und Hitze.
„Ich soll mir wohl in eurem zugigem Treppenhaus den Tod an den Hals holen“, spektakelt sie freundschaftlich laut. Sie wischt sich dabei mit dem blaukarierten Taschentuch Nakken und Hals trocken und dann vorn in die Bluse hinein, zwischen die üppigen Brüste. Trotz ihrer zweiundsiebzig Jahre ist sie von praller Gesundheit. Das runde Gesicht noch immer faltenfrei und im Normalfall von rosiger Farbe. Daneben wirkt die gleichaltrige Mutter um Jahre älter, in ihrer weißhäutigen Magerkeit und dem säuerlich knittrigen Gesicht.
Während Emilie die Mutter herzlich begrüßt und ihr einen schallenden Kuß auf die Wange drückt, huschen ihre Augen suchend den dämmrigen Korridor entlang.
„Renate ist heute wieder unausstehlich“, sagt die Mutter hastig. „Nicht einmal der Kaffeetisch ist gedeckt.“ Ihr anfäng-

lich freudiges Lachen kippt um in ein hilflos banges Lächeln.
„Das wird sich gleich ändern“, sagt Emilie und zieht die Mutter an der Hand hinter sich her.
„Wo ist sie denn?“
„In der Küche.“
Emilie läßt die Mutter los und reißt mit einem Ruck die Küchentür auf. Aus dem Stand heraus und ohne Vorwarnung wirft sie ihre kleine, schwarze Kunstlederhandtasche mit den metallbeschlagenen Ecken nach der Frau am Fenster. Der Wurf kommt so unvermutet, daß die Frau nicht reagieren kann. Eine der Ecken trifft sie schmerzhaft an der rechten Schulter. Sie schreit erschrocken auf.
„Das ist für den ungebrühten Kaffee!“
Emilie walzt zum Herd, nimmt den pfeifenden Kessel vom Feuer und gießt das kochende Wasser in die Porzellankanne.
„Wenn du glaubst, du kannst hier Stunk machen, versuche es mal mit mir.“
Endlich kommt sie dazu, ihren dunkelgrünen Wollmantel auszuziehen. Sie hält ihn der Frau am Fenster auffordernd hin: „Nun trage ihn schon ’raus.“
Die Frau am Fenster zuckt aus ihrer Bewegungslosigkeit.
„Die Tasche auch“, kommandiert Emilie mit einer Stimme, die keinen Widerspruch duldet.
Widerstrebend bückt sich Renate nach der Tasche und nimmt den Mantel in Empfang. Danach eilt sie aus der Küche. Emilie steht mit hochrotem Kopf am Herd. Als die andere an ihr vorbei auf den Flur hinausstürzt, geht sie ihr bis zur Küchentür nach. „Warte, meinen Hut auch noch!“
Sie setzt den breitkrempigen Hut ab und gibt ihn Renate, als diese die paar Schritte zurückkommt. Zähneknirschend trägt sie Emilies Mantel, die Tasche und das weinrote Filzmonstrum zur Garderobe.
„Na also! Wenn du willst, klappt doch alles wie am Schnürchen.“ Mit diesen Worten geht Emilie in die Küche zurück. Sie blinzelt dabei der Mutter zu.
Renate lehnt sich für Momente mit dem Rücken gegen die Flurwand. Am liebsten würde sie sich anspucken oder besser

noch, die Wohnung anzünden. Ich muß hier 'raus, hämmert es in ihrem Kopf. So schnell wie möglich 'raus. Doch da ruft bereits Emilie nach ihr, und sie läuft zurück in die Küche, wo sie nächste Anweisungen erhält. Danach nehmen die alten Frauen Tablett und Schokoladentorte und gehen ins Wohnzimmer.
Renate ist allein. Benommen steht sie in der Küche und spürt dem feinen Kopfschmerz nach, der hinter der Stirn eingesetzt hatte, als sie sich nach der Tasche bückte.
Aus der Wohnstube dringt das alberne Lachen der alten Frauen zu ihr. Sie schrickt davon zusammen und schluckt mehrfach. Mit hölzernen Bewegungen geht sie auf den Küchenschrank zu. Sie muß die Schlagsahne schlagen. Doch am Küchentisch angekommen, bleibt sie erneut stehen. In ihren Ohren hat ein leises Flirren eingesetzt. Es verursacht ihr Schwindel. Sie stützt beide Hände flach auf das kleingeblümte Wachstuch und schließt kurz die Augen. Vielleicht würde der Taumel gleich wieder vergehen.
Renate öffnet die Augen. Das Summen im Kopf und der Schmerz hinter der Stirn haben an Heftigkeit zugenommen. Sie würgt an der Trockenheit im Hals, und Empörung schüttelt sie, weil Emilie ihr über ist. Jeden Freitag neu erweist sich Emilie als die Stärkere, und die Mutter lächelt dazu.
„Wenn das Aas doch endlich krepieren würde!" murmelt sie halblaut duch die zusammengepreßten Zähne. Ihr Blick ist verschwommen, bleibt an der Meißner Porzellankanne hängen, die vor ihr auf dem Tisch steht. Dann schiebt sich ihre rechte Hand behutsam auf die Kaffeekanne zu. Was da zielstrebig langsam über den Tisch kriecht, scheint nicht sie zu sein. Und so will sie die Hand auch nicht aufhalten, die mit der Kaffeekanne sanft weiterwandert. Bis an den Tischrand. Und darüber hinaus. Wunderbar!
Die Kanne zerscherbt auf den Steinfliesen. Kaffee spritzt. Da setzt das Summen in den Ohren aus und der Kopfschmerz, und eine köstliche Leichtigkeit durchprickelt den Körper. Auch der kleine Schreck verfliegt rasch, nachdem sie ihre rechte Hand zurück hat. Renates Mundwinkel lächeln ver-

träumt. Doch die wasserblauen Augen blicken kalt und unbeteiligt.
Der Lärm lockt die alten Frauen zurück in die Küche. Ungläubig sieht die Mutter auf die Scherben und flüstert tonlos: „Großmutters Kaffeekanne!"
Sie macht ein paar unsicher wirkende Schritte in die Küche hinein, muß sich dann am Herd festhalten. Ihr Gesicht ist jetzt kalkig weiß und viel kleiner. Die bläulichen Lippen treten deutlicher hervor. Sie öffnet den Mund, doch es kommt nur ein gurgelnder Laut. Sie faßt sich ans Herz und beginnt leise und bitterlich zu weinen. Die Kanne ist letztes Andenken gewesen. Nur freitags, wenn Emilie kommt, wird sie aus dem Wohnzimmerschrank herausgeholt und benutzt.
Renate steht hochaufgerichtet und trotzig neben dem Küchentisch. Längst ist ihr Siegestaumel in sich zusammengesackt, und wieder wird ihr die Kehle eng, und sie muß schlukken. Danach werden auch die Augen groß und hilflos. Sie läuft auf die Mutter zu, und gleichzeitig wehrt sie sich gegen ihr Hinlaufen. Sie stammelt eine Entschuldigung. Ihre Finger streichen dabei der Mutter linkisch über die grauen Haare. Sie scheint wie ausgewechselt. Nur noch ängstliche Sorge um die alte Frau klingt aus ihren Sätzen.
Emilie hat das Ganze stumm von der Küchentür aus verfolgt. Ihre schmalen Augenbrauenstriche sind durch zwei tiefe Falten fast ineinander verschmolzen. Die Arme hat sie in die Hüften gestemmt. Jetzt, da das Schlimmste mit der Mutter vorbei scheint, kommt sie in die Küche gestampft und zieht die Weinende resolut von der Tochter weg und an ihren üppigen Busen. Sie blitzt Renate an, bis die dem Blick nicht mehr standhalten kann und schuldbewußt den Kopf senkt.
Darauf hat Emilie nur gewartet. „Los, wisch die Schweinerei endlich auf", sagt sie. Renate versucht, sich zu widersetzen. Doch in ihr Zögern hinein fällt bereits der nächste Satz: „Willst du zusehen, bis der Kaffee auf den Flur hinausläuft und den Teppich verdirbt? Ist es nicht schon genug Schaden?"

Renate fröstelt leicht. Sie holt sich Schaufel und Besen und beginnt hastig Scherben und Kaffeesatz zusammenzufegen. Emilie und die Mutter stehen wie eine undurchdringliche Mauer und überwachen den Fortgang der Arbeit. Zwischendurch drückt Emilie die andere immer wieder solidarisch an sich oder wischt ihr mit dem großkarierten Taschentuch übers Gesicht.
„Beeile dich ein bißchen, wir wollen endlich anfangen", treibt Emilie Renate an, als die Wasser in den Eimer einläßt. Dann legt sie den Arm resolut um die Freundin, ergreift sie haltgebend an den Ellenbogen und führt sie behutsam aus der Küche und ins Wohnzimmer zurück.
Kurz darauf ist Emilie wieder zur Stelle. Sie setzt neues Kaffeewasser auf. Mit zusammengekniffenen Augen beobachtet sie, wie Renate den Scheuerlappen mit spitzen Fingern auswringt. Sie hat Angst vor Splittern.
„Bist dir wohl zu fein zum Bücken? Das dauert doch Jahre, bis du fertig wirst."
Renate läßt sich auf die Knie nieder. Wenn ich bloß hier schnell rauskomme, denkt sie und beißt die Zähne fester zusammen beim Wischen.
„Vergiß die Ecken nicht! Der Kaffee ist überall hingespritzt", belehrt sie Emilie.
Renates Hände zittern, während sie vorsichtig auf Knien bis in die rechte Fensterecke rutscht, um ein paar Spritzer wegzumachen. Sie ist den Tränen nahe vor Wut und Scham und Erniedrigung. Sie hat im Augenblick nur noch einen Gedanken im Kopf. Ich bringe sie um. Eines Tages bringe ich sie dafür um, daß sie mir so was antun darf, an jedem Freitag.
„Wenn du glaubst, du kannst uns die Freitage zerstören, irrst du dich gewaltig. Wir lassen uns von dir nicht gängeln. Weder durch verqualmte Wohnzimmer noch durch rein zufällig herunterfallende Schokoladentorte oder auf was du sonst immer kommst im Laufe der Woche. Ich zahle dir das mit gleicher Münze heim. Aber ich warne dich. Ich bin stärker als du."

Geräuschvoll schiebt die alte Frau den Küchentisch von seinem angestammten Platz und deutet stumm auf die braunen Wasserlachen, die sich unter den Tischbeinen angesammelt haben. Nachdem die weggewischt sind, jagt sie Renate zum Küchenschrank, wo angeblich auch Kaffee hingespritzt ist. Renate fügt sich wortlos allen Anweisungen. Emilie kann ihr nichts mehr anhaben. Renate träumt sich intensiv weg, in die lange gerade Straße. Dort läßt sie das signalrote Auto durch Emilie hindurchfahren. Einmal! Zweimal! Immer wieder!
Nachdem die alte Frau die Schlagsahne steif geschlagen hat und neuer Kaffee gebrüht ist und die Küche blitzsauber, gibt sie endlich Ruhe und geht in die Wohnstube.
Steif und ungelenk erhebt sich Renate vom Fußboden. Die Strümpfe sind zerrissen. Als sie das Schmutzwasser aus dem Eimer in die Toilette schüttet, muß sie sich plötzlich übergeben. Minutenlang lehnt sie auf wackligen Knien an der Toilettenwand. Sie versucht, das Zittern, das ihren gesamten Körper durchschauert, zu unterdrücken. Ich muß aus der Wohung, denkt Renate. Sofort!
Eilig läuft sie ins gemeinsame Schlafzimmer und setzt sich auf den ihr zustehenden Teil der Ehebetten. Mit fliegenden Fingern entnimmt sie dem Nachtschränkchen eine neue Strumpfhosentüte, reißt sie auf und wechselt die Strumpfhose. Danach schleicht sie leise zur Korridortür und drückt die Klinke herunter. Die Tür ist verschlossen! Sekundenlang tanzen glühende Punkte vor ihren Augen. Ihr Schlüsselbund und das der Mutter sind vom Haken entfernt. Renate verliert die Beherrschung. In sinnloser überschäumender Wut rüttelt sie an der Türklinke. Da ertönt in ihrem Rücken, am Ende des langen Korridors, Emilies Lachen und dann ihre Stimme: „Komm jetzt endlich Mensch-ärgere-dich-nicht spielen. Wir warten auf dich."

Freitag, 19. Oktober, 14 Uhr

Seit anderthalb Stunden ist Amtsleiterberatung. Der große Chef ist unzufrieden, weil die Ermittlungen im Kreisamt auf der Stelle treten. In der Beratung werden Maßnahmen für den Nachmittag und Abend festgelegt. Die Verkehrspolizei verstärkt PKW-Kontrollen an allen Hauptstraßen, die in der Stadt enden oder hindurchlaufen. Doppelstreifen und Funkwagenstreifen haben ständig Meldung zu erstatten über besondere Vorkommnisse. Ein Teil der Kriminalisten werden sich zu Fuß oder mit Fahrzeugen über das Stadtgebiet verteilen. Sie haben sich telefonisch alle halbe Stunde in ihrer Abteilung über die Lage zu informieren und Bericht zu erstatten. Des weiteren wird eine Sondergruppe mit Kriminalisten gebildet, die noch einmal alle schriftlichen Unterlagen sichtet, die zum Brennpunkt gehören. Besonderes Augenmerk haben sie dabei auf die 234 Schumann-Protokolle zu richten und solche herauszufinden, die nicht zweifelsfrei entschieden sind. Alle ABVs sind mit freiwilligen Helfern in ihren Wohngebieten im Einsatz. Ab sofort werden vom Amtsleiter im Stundenabstand Lageberatungen angesetzt.

Freitag, 19. Oktober, 14 Uhr 30

Renate ist hochgradig erregt, als sie sich an den Spieltisch setzt. Die Halsschlagader klopft heftig, und auf der Oberlippe bilden sich kleine Schweißperlen. Begütigend streicht ihr die Mutter über die Hand. Doch die Tochter entzieht sich. Ihre Augen blicken kalt und abweisend.
Das Mensch-ärgere-dich-nicht-Spiel ist bereits aufgebaut. Kaffeetrinken ist diesmal nebenher. Damit ist man wieder im Zeitplan. Seit vierzig Jahren beginnt um halb drei das Würfelspiel. Das heißt, eigentlich beginnt es immer etwas später, nachdem die Zänkereien der Frauen beigelegt sind.

Renate ist nicht bei der Sache. Fieberhaft überlegt sie, wie sie an den Korridorschlüssel herankommen kann. Sie muß die alten Frauen überlisten. Es ist ihre einzige Chance, aus der Wohnung zu verschwinden. Mit halbem Ohr hört sie die Mutter sagen: „Du weißt genau, daß ich lieber mit den grünen Steinen spielen würde. Aber nein, immer muß alles nach deinem Kopf gehen. Dabei ist das hier meine Wohnung."
Renate weiß, daß der Streit jetzt noch eine Weile hin und her pendeln wird. Es ist ihr recht. Sie braucht Zeit, um sich ruhig geben zu können. Nur wenn ich locker mitspiele, kann ich Emilie täuschen, überdenkt Renate noch einmal ihren Plan ...
„Seit vierzig Jahren nimmst du gelbe Steine! Warum soll das heute anders sein? Außerdem kannst du mit deiner Tochter tauschen, wenn dir so viel daran liegt. Rot ist auch eine schöne Farbe." Emilie blitzt die Mutter wütend an. „Wenn du mit den grünen Steinen spielst, verlierst du sowieso", sagt sie. „Du erinnerst dich hoffentlich."
„Wenn du damals nicht gemogelt hättest, wäre ich Sieger geworden", trumpft die Mutter auf. „Renate kann es bezeugen."
Ich muß an den Wohnzimmerschrank, überlegt Renate. Die Schlüssel können nur dort sein. Doch dann verwirft sie den Gedanken wieder. Es bliebe nicht unbemerkt. Renate packt kalte Wut. Feindlich sieht sie zu den zankenden Frauen. Wäre doch gelacht, wenn es bei denen nicht auch klappen würde.
„Ihr mit eurer beschissenen Spielwut!"
Sofort beginnen die Augen der Mutter verdächtig zu glitzern. Mit Genugtuung bemerkt Renate, daß sich Emilie empört auf die Seite der Mutter schlägt, um ihr beizustehen.
„Du treibst Hildegard um Jahre früher ins Grab", sagt sie und beugt sich zur Freundin. Sie fährt ihr mit dem Taschentuch über die Augen. Danach klopft sie ihr derb auf die Wange. „Heul nicht gleich wieder!" In Renates Richtung zischt sie böse: „Du bist ein richtiges kleines Miststück!"
Renate nimmt den Lederbecher vom Tisch und klappert mit dem Würfel. Spielerisch trudelt sie ihn über die Holzplatte.

Es ist eine Sechs! „Ich fange an", frohlockt sie. „Wer die erste Sechs hat, gewinnt."
Die Mutter kichert ungläubig. Das Spiel beginnt! Renate scheint Feuer und Flamme. Öfter als sonst würfelt sie Sechsen und Fünfen und kommt schnell mit den ersten beiden Steinen voran. Etwa in der Hälfte des Spieles unterbricht sie den Ablauf und verschränkt die Arme.
„Ich spiele erst weiter, wenn Ihr die Korridortür aufschließt", sagt sie. „Unser Streit ist beigelegt. Also, was soll's? Vertrauen gegen Vertrauen."
Emilie schaut mißtrauisch zu Renate. Doch die Mutter ist für schnelles Weiterspielen. Sie drängt die Freundin, dem Wunsch nachzukommen. Schließlich habe man sich wirklich ausgesöhnt. Die alte Frau läßt sich überreden. Sie erhebt sich und holt beide Schlüsselbunde unter einem Sofakissen hervor. Sie übergibt die Schlüssel Renate. Diese verläßt eilig das Zimmer. Mit fliegenden Fingern schließt sie die Korridortür auf, reißt ihren Mantel vom Garderobenhaken und die Handtasche und rennt aus der Wohnung.

Vom nachmittäglichen Straßenlärm eingehüllt, atmet die Frau tief durch und sieht auf ihre Armbanduhr. Es ist Dreiviertel vier! Eilig beginnt sie, die belebte Geschäftsstraße hinunterzulaufen, bis vor zur großen Ampelkreuzung. Dort wendet sie sich nach rechts und biegt dann in eine ruhige Seitenstraße ein. Beim Weitergehen sucht sie in ihrer Handtasche nach einer Kopfschmerztablette und würgt sie trokken hinunter. Das erzwungene Ausharren in der Wohnung hat an ihren Kräften gezehrt. Auch der Gedanke an die langen Gesichter Emilies und der Mutter hilft nicht darüber hinweg. Sie spürt deutlich, wie weich ihr die Knie sind. Jede Faser in ihr vibriert. Immer dieses miese Freitagtheater, denkt sie ärgerlich. Dabei brauche ich gerade heute einen klaren Kopf.
Nach fünf Minuten Fußmarsch erreicht Renate einen rechteckigen Platz mit Kastanienbäumen und Rasenfläche in der Mitte. Er ist von zweistöckigen Häusern mit kleinen Vorgär-

ten gesäumt. Die Bürgersteige sind vom Herbstlaub freigeharkt. Es ist ein stilles Fleckchen inmitten der Großstadt.
Eilig strebt Renate dem entgegengesetzten Ende des Grünplatzes zu. Dort parkt am Fahrbahnrand ein roter Lada. Die Frau nähert sich vorsichtig dem Auto, entnimmt der Umhängetasche Schlüssel und öffnet das Fahrzeug. Ausgepumpt läßt sie sich in die Autopolster fallen. Für Momente legt sie den Kopf auf das Lenkrad. Sie versucht, sich zu konzentrieren und die Nervosität wegzudrücken. Ihre Hände krampfen sich um den Lenker.
„Wenn das heute schiefläuft, bringe ich Emilie um", schwört sie sich. Danach fühlt sie sich besser. Sie hebt den Kopf und mustert prüfend die Gegend. Nichts! Die Straße ist menschenleer.
Sie klappt das Handschuhfach auf, zieht behutsam eine Grauhaarperücke heraus und legt sie neben sich auf den Beifahrersitz. Mit geübten Handgriffen steckt sie die eigenen Haare am Kopf fest und stülpt die Lockenperücke über. Gewissenhaft kontrolliert sie im Rückspiegel, ob alle dunklen Nackenhaare unter dem Falschhaar verschwunden sind. Danach packt sie den Inhalt ihrer Umhängetasche in eine mittlere Einkaufstasche um, die auf dem Rücksitz liegt. Ein letztes Mal sieht sie aufmerksam in den Spiegel, zupft einige Lokken zurecht und dreht ihn dann in die Normalstellung zurück. Wenig später startet sie den Motor und fährt los.

Freitag, 19. Oktober, 15 Uhr 52

Mit hängenden Schultern und leicht vornübergebeugt steigt Karin Mikulka die Stufen zum K-Dienst hinunter. Sie ist abgespannt. Nachdem der Fall auf viele Schultern umverteilt ist, will die innere Leere nicht mehr weichen. Vielleicht ist es auch nur die übergroße Anspannung der letzten Wochen, die sich langsam auflöst und sie demoralisiert, obwohl die Angst hellwach ist. Sie weiß, der Freitag ist noch nicht zu Ende! Trotzdem ist diese Wahnsinnshoffnung in ihr auf eine weitere Woche Fristverlängerung bis hin zum nächsten Freitag – falls die Hiobsbotschaft ausbleiben würde. Karin mißtraut diesem Gefühl der Hoffnung, das ihren Körper seit zwei Stunden immer neu heiß durchfluten will. Bisher gab es im Fall „Stadtgespenst" nur Rückschläge, ruft sie sich die Tatsachen ins Gedächtnis und vertreibt die Gefühle.

Karin Mikulka klinkt die Eingangstür zu den K-Dienst-Räumen auf und läuft ohne hochzusehen durch den Besucherraum hindurch bis zum Schlüsselkasten. In ihrem Rükken registriert sie die Stimme von Klaus Bär, der sich mit einer Frau unterhält. Der Holzkasten hängt im Zimmer des Diensthabenden. Karin nimmt die Schlüsselkarte von ihrem Haken und schiebt den Sicherheitsschlüssel für ihr Zimmer an deren Stelle. Mit den Gedanken ist die Kriminalistin weit weg. Ich habe mich so in den Schumann-Vorgang verbissen wegen der alten Leute, überlegt sie. Man sollte es nicht so sehr mit Herzblut machen. Bald wird es neue Arbeit geben. Täglich andere Straftaten. Da heißt es, rundherum fit sein. Man muß funktionieren , zu jeder beliebigen Stunde am Tag, sachlich und überlegt und mit handwerklichem Können. Als Karin in das Besucherzimmer zurückkommt, stutzt sie. Vor dem Schreibmaschinentisch sitzt Marga Heyse. Die erkennt die Kriminalistin jetzt ebenfalls und erhebt sich spontan. Mit zwei Schritten ist Karin bei der alten Frau. Einer plötzlichen Eingebung folgend, fragt sie sachlich: „Wieviel Zeit haben wir noch?"

Karin sieht zu Klaus Bär. Er scheint noch nicht im Bilde zu sein. Anscheinend hat Marga Heyse kurz vor ihr das Zimmer betreten und war über die Einleitungssätze noch nicht hinaus.

„Hat die Sparkasse Sie informiert?"

Die Kriminalistin schüttelt den Kopf. Sie will jetzt nicht antworten. Sie möchte lieber abwarten und die Erzählung der alten Frau nicht beeinflussen.

„Es ist wegen Frau Schumann!“ sagt Marga Heyse hastig. Zufrieden beobachtet sie, daß die Kriminalistin wissend mit dem Kopf nickt. „Ich mache mir so große Sorgen“, erklärt sie. „Charlotte fällt glatt auf die Schumann ’rein. Dabei war ich die ganze Zeit auf dem Spung. Doch jetzt bin ich mit meinem Latein am Ende. Dabei weiß ich genau, zum Schluß bleibt es wieder an mir hängen. Das ist schon ein Kreuz. Nützt mir überhaupt nichts, daß ich jünger bin. Ich muß einfach länger leben und ständig auf das dumme Schaf aufpassen.“
Klaus Bär schaltet blitzschnell. Mit zurückgehaltener innerer Spannung fragt er: „ Wann soll das Geld übergeben werden und vor allem wo?“
Er tauscht mit Karin Mikulka einen raschen Blick.
„Heute abend, in der Wohnung! Die Schumann ist zum Abendessen eingeladen. Um halb sieben! Da will sie dann auch die neuntausend Mark kassieren.“
Also Charlotte Heyse! Die Kriminalistin vergleicht die Zeit. Es ist genau 16 Uhr 05. Genügend Spielraum also für Vorbereitungen.
„Wir waren heute vormittag bei Ihnen an der Wohnungstür. Aber es hat niemand geöffnet.“
„Da habe ich Charlottes Geldabholerei überwacht“, erklärt Marga Heyse bedauernd. Danach bekennt sie vertraulich: „Ich hätte viel eher mit meinen Sorgen kommen sollen. Aber ich war überzeugt, daß ich Charlotte umstimmen könnte.“ Die alte Frau sieht nachdenklich vor sich hin.
Karin Mikulka bittet Marga Heyse, sie möglichst knapp über den gesamten Hergang zu informieren. Während der Schilderung registriert sie still für sich, daß diese Frau Schumann doch auf dem Friedhof gewesen war. Sie bereut bitter, die Trauerfeier nicht von weitem überwacht zu haben. Dann wäre ihr die fremde Frau, die sich am Friedhofstor hinzugesellte, bestimmt aufgefallen. In diesem einen Fall würde Gertrud Kraatz noch am Leben sein. Da habe ich eine große Chance vertan, denkt sie.
Während Karin Mikulka sich die Geschichte bis zu Ende anhört, erhebt sich Klaus Bär und geht ins Nebenzimmer hin-

über. Von dort aus verständigt er Major Kunze. Obwohl Charlotte Heyses Wohnung nur sieben Autominuten entfernt liegt, weist der Chef an, sofort mit Marga Heyse zur Schwägerin zu fahren und sich dann von dort über Funk zu melden und weitere Anweisungen entgegenzunehmen.
„Sollen wir alle drei mitfahren?“ fragt Leutnant Bär.
„Nein“, entscheidet der Major. „Oberleutnant Peuker bleibt im Haus. Er soll sich zur Verfügung halten.“

Freitag, 19. Oktober, 16 Uhr 05

Charlotte Heyse geht hinter Frau Schumann her, bis ins Wohnzimmer.
„So früh hatte ich Sie gar nicht erwartet“, entschuldigt sich die alte Frau für ihren Aufzug und bindet hastig die Schürze ab. Frau Schumann setzt sich in der Zwischenzeit auf einen Stuhl am runden Wohnzimmertisch.
„Sie bleiben doch bis zum Abendbrot?“ Charlotte Heyse schaut besorgt. „Ich habe uns Schaschlikstäbe vorbereitet.“
„Da habe ich ja das Richtige dazu gekauft“, entgegnet Frau Schumann und holt aus der Einkaufstasche eine Flasche Sekt hervor. „Der muß noch ein Stündchen in den Kühlschrank.“
Charlotte reagiert überrascht. Doch die andere läßt der alten Frau keine Zeit, mit der Flasche in die Küche zu verschwinden. Sie kommt auf das Eigentliche zu sprechen: „Ich habe dem Autoverkäufer gesagt, er bekommt das Geld noch am späten Nachmittag.“ Sie sieht die alte Frau prüfend an. Als sie deren Zögern bemerkt, fügt sie burschikos harmlos hinzu: „Wir hätten heute abend einen echten Grund zum Feiern. Wir wären dann richtige Autobesitzer!“
In Charlotte Heyse arbeitet es jetzt deutlich sichtbar. Sie drückt die Sektflasche fester an sich. Ihr Blick wirkt unstet, irrt über die Möbel im Zimmer hin und hält sich dann an der

Tischdecke fest, als käme von dort Kraft für die schwer sagbaren Sätze.
„Ja ... a, das mit dem Geld“, beginnt sie zaghaft.
Frau Schumann ist hellhörig geworden. Ein bißchen zu schnell hakt sie nach: „Sie waren wohl noch nicht auf der Sparkasse?“
Diese direkte Frage überrumpelt die alte Frau. Sie sieht zum Wohnzimmerbüfett, wo das Geld mit dem Sparbuch aufbewahrt liegt. Frau Schumann folgt dem Blick und atmet auf. Das Geldversteck ist ihr noch vom ersten Besuch her in Erinnerung.
„Mir fällt ein Stein vom Herzen“ sagt sie fröhlich. „Ich dachte im ersten Augenblick ... Aber nein, das ist Unsinn!“ Sie faßt nach Charlotte Heyses Arm und lächelt ihr freundlich zu. Nur die Augen taxieren dabei scharf jede Reaktion der anderen.
Die alte Frau ist verlegen. Sie stellt die Sektflasche auf dem Wohnzimmertisch ab und setzt sich erst einmal.
„Wissen Sie ...“, sagt sie behutsam und zerknautscht die Schürze aufgeregt in ihrem Schoß. „Ich behalte mein Geld lieber selber!“
Frau Schumann stutzt unangenehm überrascht. „Das verstehe ich nicht“, antwortet sie scheinbar verwirrt.
Die alte Frau nimmt ihren Mut zusammen. „Ich habe mir das heute erst richtig überlegt“, sagt sie ernst, „als das ganze Geld vor mir auf dem Tisch lag. Da steckt ein halbes Leben Arbeit drin, von Gustav und von mir. Das darf man nicht so leichtfertig wegschenken!“
Frau Schumann überspielt die aufsteigende Nervosität, indem sie sich fürsorglich über den Tisch vorbeugt und sanft auf die alte Frau einredet: „Sie beunruhigen sich völlig unnötig. Von Schenken ist doch nicht die Rede. In ein paar Wochen zahle ich es Ihnen zurück. Gleich nachher schreibe ich Ihnen einen Schuldschein. Als Sicherheit. Es kann gar nichts schieflaufen!“
Aber Charlotte Heyse weiß genau, wovon sie spricht. Schließlich hat sie viele Stunden an diesen Sätzen herumgedacht. Abwehrend antwortet sie deshalb: „Nein! Ich habe

mir das genau überlegt. Ich brauche mein Geld!"
Frau Schumann beobachtet schweigend, wie Charlotte Heyse beim Reden immer sicherer wird. Insgeheim verwünscht sie diesen Tag und Emilie, die sie so nachhaltig aus der Fassung geschubst hat, daß sie jetzt nicht klar reagieren kann. Sonst würde das am Tisch ganz anders laufen. Auf einmal scheint ihr die Zunge bleischwer, und der Kopfschmerz hämmert in alle Überlegungen hinein.
„Das habe ich alles Ihnen zu verdanken", sagt Charlotte Heyse voller Anerkennung. „Sie haben mir die Augen geöffnet. Der Mensch rostet sehr schnell, wenn er untätig in der Stube herumhockt. Deshalb brauche ich mein Geld. Ich werde verreisen. Ins Ausland. Es tut mir leid. Aber ich kann es nicht mehr hergeben. Jetzt nicht mehr!"
Frau Schumann versucht ein Lächeln. Eine plötzliche Hitzewelle schießt ihr bis in die Haarwurzeln. Sie wird knallrot und reißt sich die oberen zwei Blusenknöpfe auf.
„Da kann man nichts machen", sagt sie scheinbar leichthin und spielt ihren letzten Trumpf aus. „Dann muß das mit Ihrer Tochter eben warten."
„Ich habe für nächsten Sonntag eine Taxe bestellt. Sie fahren doch mit, oder?"
Frau Schumann nickt abwesend. Sie überlegt hektisch, wie die alte Frau umzustimmen sei. Plötzlich steht ihr Entschluß fest. Sie lehnt sich bequem in ihrem Stuhl zurück und sieht zur Wohnzimmeruhr.
Es ist 16 Uhr 15!
„Bis zum Abendbrot ist noch viel Zeit", sagt sie kleinlaut. „Kochen Sie uns einen Kaffee auf den Schreck? Ich muß das alles erst einmal verdauen."
Charlotte Heyse ist froh, daß sie für die andere etwas tun kann. Sie erhebt sich eilig und nimmt auch wieder die Sektflasche an sich. „Sie sind mir doch nicht böse?" vergewissert sie sich.
Frau Schumann greift nach ihrer Hand und drückt sie leicht. Sie antwortet sehr bestimmt: „Geld spielt zwischen uns keine Rolle! Es wird sich nichts an unserer Freundschaft ändern."

Die alte Frau reagiert erleichtert. Ein Abbruch der Beziehungen hätte ihr wahrscheinlich großen Kummer bereitet, überdenkt sie die Situation, während sie in die Küche geht.
Kaum ist Charlotte Heyse aus dem Zimmer, erhebt sich die Frau leise und läuft zum Büfett. Der Schlüssel liegt wie immer unter der Uhr. Sie hatte das einige Male bei ihrem Besuch kontrolliert. Ohne Hast holt sie ihn hervor und schließt die Schranktür auf. Sie wühlt mit beiden Händen in der Bettwäsche, bis sie das Sparbuch gefunden hat. Prüfend nimmt sie das Geldbündel und dreht es zwischen Daumen und Zeigefinger auseinander. In ihren Mundwinkeln zuckt es zufrieden.
Im gleichen Augenblick öffnet sich die Stubentür, und Charlotte Heyse kommt ins Zimmer zurück, will die gute Kaffeekanne holen. Die Augen der Frauen haken sich ineinander. Die alte Frau mit entsetztem Blick. Die Jüngere kalt und überlegen.
„Machen Sie kein Theater. Es bleibt bei unserer Absprache", sagt sie in die wortlose Erstarrung hinein mit einer Stimme, die keinen Widerspruch duldet. „Sie wollen doch auch, daß wir Freunde bleiben."
Mit einem Schlag fällt alle Unbeweglichkeit von Charlotte Heyse ab. Sie stürzt auf die am Schrank stehende Frau zu und will ihr das Geld aus der Hand reißen. Deren Körper strafft sich unmerklich. Sie wartet den Ansturm der alten Frau ab. Ihre Augen sind eng zusammengekniffen. „Emilie!" flüstert sie unwillkürlich.
Dann geht alles blitzschnell. Noch bevor die alte Frau zupakken kann, springt Frau Schumann mit Wucht vor und versetzt der anderen einen derben Stoß. Die alte Frau, nicht darauf gefaßt, wird aus dem Gleichgewicht gerissen und fällt hintenüber. Dumpf schlägt sie mit dem Kopf auf der Tischkante auf und verliert das Bewußtsein.

Fast lautlos zieht die Täterin die Korridortür hinter sich ins Schloß und lauscht. Gerade will sie die Treppe hinunterlaufen, als sie die schwere Haustür knarren hört und danach eilige Schritte auf der Treppe. Einen kleinen Moment nur steht die Frau in hilflosem Erschrecken auf dem Podest. Dann streift sie die Schuhe von den Füßen, nimmt sie in die Hand und huscht die Bodentreppe nach oben. Sie kauert sich vor die verschlossene Bodentür, auf die oberste Holzstufe. Angstvoll umschlingt sie die angezogenen Knie mit beiden Armen und spannt mit angehaltenem Atem auf die näherkommenden Schritte. Deutlich unterscheidet sie das kurze schnelle Klappern von festem Schuhwerk und dazwischen kaum hörbar weiche Sohlentritte wie von Turnschuhen. Die alte Holztreppe ächzt. Noch hofft Renate, die Schritte gelten Charlotte Heyses Nachbarin. Doch schon schrillt die ihr bekannte Klingel langanhaltend und zerstört die Hoffnung. Trotzdem wird die Frau jetzt ganz ruhig. Sie lauert auf einen günstigen Augenblick. Außerdem fühlt sie sich fürs erste hier oben sicher in ihrer Kauerstellung, im Halblicht dicht unter der Dachhaut. Sie registriert das Klappern eines Schlüsselbundes. Danach wird eine Tür aufgeschlossen. Der abgedämpfte Ruf einer Frauenstimme nach Charlotte Heyse dringt zu ihr hinauf. Er kommt wahrscheinlich schon aus dem Flur. Dann plautzt die Korridortür laut ins Schloß. Nun ist es wieder still im Treppenhaus.

Die Frau stößt sich aus ihrer Wartestellung hoch. Auf Strümpfen eilt sie die Stufen hinab, an Charlotte Heyses Wohnung vorbei und weiter hinunter. Bevor sie die Haustür aufklinkt und auf die Straße hinausläuft, schlüpft sie eilig in ihre Schuhe. Doch da vermeint sie bereits wieder weiche Schritte auf der Treppe zu hören. Angst packt nach ihr und schüttelt sie. Zum ersten Mal ist sie völlig kopflos. Sie kann nicht mehr ruhig überlegen. Plötzlich ist ihr egal, ob sie auf der Straße auffällt. Sie rennt mit offenen Schuhen und flatternden Schuhbändern. Sie hat nur einen Gedanken, schnell

weg von hier, wo es fast schiefgelaufen wäre.
Nachdem Marga Heyse, Klaus Bär und Karin Mikulka die Wohnung betreten haben, deutet die alte Frau als erstes auf den Mantel am Flurhaken. „Sie muß hier sein“, sagt sie. „Vielleicht ist sie im Sessel eingeschlafen.
Während sie mit Klaus Bär auf das Wohnzimmer zugeht, drückt Karin Mikulka beim Hinterherlaufen die angelehnte Tür auf, an der sie vorbei muß. Es ist die Küche. Die Kriminalistin kann nichts Ungewöhnliches feststellen, da ertönt Margas erschrockener Aufschrei. Karin stürzt zum Wohnzimmer. Klaus Bär kommt ihr bereits entgegen. Er bedeutet der Kollegin, zu helfen und läuft selbst aus der Wohnung, um über Funk Verstärkung und einen Krankenwagen herbeizurufen.
Die alte Frau kniet neben der Schwägerin, die wie leblos auf dem Teppich liegt. Sie hat ihr den Kopf angehoben und klopft nun mit der rechten Hand leicht gegen deren Wange. „Charlotte! Charlotte, hörst du mich?“
Ihre Stimme klingt angstvoll gepreßt. Hilfesuchend blickt sie zur Kriminalistin auf, die sich rasch auf die Knie herunterläßt. Jetzt bemerkt Marga Heyse die Feuchtigkeit warm an ihren Fingern. Erschrocken zieht sie die Hand unter dem Kopf der Schwägerin hervor. Blut!
Karin Mikulka fühlt als erstes den Puls. „Bringen Sie Verbandszeug! Ein fusselfreies Handtuch, Leinen. Was Sie finden können.“ Sie knöpft der alten Frau die Bluse auf und drückt ihr Ohr gegen den leblosen Körper. Erleichtert vernimmt sie schwache Herztöne.
„Sie ist nur bewußtlos“, beruhigt sie Marga Heyse, die noch am gleichen Fleck hockt. Erst nach dieser Lebensbestätigung erhebt sie sich und läuft zum Büfett. Sie öffnet den Schrank, zieht ein Kopfkissen aus dem Wäschestapel und zerreißt es kurzerhand in breite Streifen. Karin Mikulka legt der Bewußtlosen einen druckfesten Kopfverband an, um die starke Blutung zu unterbinden. Behutsam lagern sie die alte Frau auf die Seite. Dann rennt die Kriminalistin nach unten, falls Klaus Bär auf der Straße ihre Hilfe benötigte. Aber dem war

nicht so. Die Täterin hatte sich scheinbar in Luft aufgelöst.
Marga Heyse kniet derweilen neben der Schwägerin und hält Wache. Fassungslos und noch immer tief erschrocken starrt sie ihr ins eingesunkene, durchscheinend weiße Gesicht. Die offensichtlich tiefe Platzwunde an Charlottes Hinterkopf und das viele Blut auf dem Teppich machen ihr Angst. Sie hatte nur kurz hinsehen könne und war froh, daß die Kriminalistin wie selbstverständlich alle notwendigen Handgriffe übernahm. Karins Umsicht flößte ihr Vertrauen ein. Die weiß, was in solchen Fällen zu tun ist, fühlte sie erleichtert. Jetzt, da auch die Kriminalistin aus dem Zimmer war und Marga allein in der Wohnung zurückgelassen hat, empfindet die alte Frau die Stille besonders bedrückend. Sie beginnt zu weinen.
Zuerst kommt der Krankenwagen. Charlotte Heyse wird mit Blaulicht und Sirene ins nächste Krankenhaus transportiert. Dann trifft ein Wagen mit Kriminalisten ein, kurz darauf der Barkas der Spurensicherung. Doch bevor die Suche nach Spuren in der Wohnung beginnt, wird ein Fährtenhund angefordert.
Der Hundeführer bringt einen Schäferhund mit und setzt ihn auf die Spur an. Der Hund läuft aus der Wohnung und hinauf bis vor die verschlossene Bodentür und dann die Treppe hinunter und um das Häuserkarree. In einer Nebenstraße verliert er die Spur am Fahrbahnrand. Die Kriminalisten vermuten daraufhin, daß die Täterin an dieser Stelle ein Fahrzeug bestiegen hat. Diese Annahme erhärtet sich noch, obwohl alle Nachfragen bei Taxi-Unternehmen ohne Erfolg bleiben. Die Schumann muß also ein privates Fahrzeug benutzt haben, das dort entweder auf sie gewartet hat oder das sie vor der Tat selbst in der Nebenstraße abstellte.
Marga Heyse erzählt unterdessen Klaus Bär von ihrem letzten Streit mit der Schwägerin über den fast gleichzeitigen Aufenthalt der Täterin in der Innenstadt und bei Charlotte zu Hause. Es untermauert ebenfalls die Version, daß Frau Schumann über ein Auto verfügt.
Mit Marga Heyses Hilfe wird in kurzer Zeit vom Zeichner ein Ident-Kit-Bild angefertigt.

Neue Befragungen in der Wohngegend erbringen ein weiteres wichtiges Detail: Herr Schulz, 32 Jahre alt und Schichtarbeiter, werkelte zur fraglichen Stunde im hauseigenen Vorgarten. Ihm fiel die rennende Frau auf. Sie verhielt sich recht merkwürdig und sah sich mehrfach um. Zwei Häuser entfernt bestieg sie einen roten Lada. Der parkte dort seit längerem am Straßenrand. Leider achtete Herr Schulz nicht auf die Autonummer. Seine Beschreibung paßte auf Frau Schumann. Als man ihm das Täterbild vorlegt, bestätigt er noch einmal, diese Frau gegen 16 Uhr 30 in seiner Straße gesehen zu haben.

Freitag, 19. Oktober, 21 Uhr

Die Wohnungsspuren sind ausgewertet. Es steht jetzt fest, daß die Täterin noch im Haus war, als die beiden Kriminalisten zusammen mit Marga Heyse ahnungslos die Wohnung des Opfers betraten. Auf der Bodentreppe wurden zwei graue Haare sichergestellt. Gleiche Haare fanden sich auch im Wohnzimmer. Sie wurden vom Gutachter als Perückenhaar klassifiziert. Und noch etwas Entscheidendes: In Charlotte Heyses Wohnung sicherten die Kriminalisten Fingerabdrücke, die weder zu Charlotte noch zu Marga Heyse gehörten, aber identisch waren mit dem Daumen- und Zeigefingerabdruck auf Gertrud Kraatz' Weinglas. Damit erbringen die Kriminaltechniker den Beweis, daß Frau Schumann auch dort verkehrte.
Bei einer späten Amtsleiterberatung werden folgende Maßnahmen für den nächsten Tag festgelegt:

1. Abdruck des Täterbildes in der Tagespresse und erneute Bitte um Mithilfe durch die Bevölkerung;
2. Zusätzlicher Druck von Handzetteln bis zum Morgen;
3. Verteilung von Informationsblättern in allen Dienststellen bei der Früheinweisung der Kräfte;

4. Öffentliches Aushängen von Handzetteln in Kaufhallen, Straßenbahnhaltestellen, Bahnhöfen, Kinos und anderen öffentlichen Konzentrationspunkten

Das Kreisamt verbleibt weiterhin in erhöhter Alarmbereitschaft.

Sonnabend, 20. Oktober, 10 Uhr

Verwundert über das morgendliche Dauerläuten unterbricht Renates Mutter den Aufwasch des Frühstücksgeschirrs und geht zur Korridortür. Kaum hat sie die weit genug geöffnet, stürmt Emilie grußlos an ihr vorbei, den Flur entlang, bis ins Wohnzimmer. Nicht einmal für einen Kuß scheint Zeit zu sein. Die Mutter ist über das plötzliche Auftauchen Emilies erschreckt. Sie ist noch an keinem Sonnabend gekommen! All die Jahre nicht! Die Freundin bringt Ärger ins Haus, weiß sie schlagartig. So, wie die heute aussieht, hat sie Emilie überhaupt noch nicht gesehen. Sie muß ohne Schirm durch den strömenden Regen gelaufen sein, auch ohne Hut und Schal. Der dunkelgrüne Mantel trieft vor Nässe, und die Haare hängen strähnig herab. Dabei war Emilie erst am Donnerstag zur Dauerwelle! Ihre Handtasche hat sie auch vergessen, denkt die Mutter unruhig und läuft mit klopfendem Herzen hinter ihr her. Sie kommt gerade noch zurecht und sieht, wie die Freundin eine Zeitung auf die Tischplatte schleudert.
Renate hockt zu diesem Zeitpunkt vor dem alten Kachelofen. Sie ist beim Feuermachen und legt gerade Briketts auf die brennenden Holzstücke. Auch sie ahnt sofort Schlimmes. So außer sich, mit tiefrot verfärbtem Gesicht, hat Renate Emilie noch nie erlebt. Instinktiv legt sie Kohlezange und Schürhaken aus der Hand und drückt die Ofentür zu. Die Mutter bleibt furchtsam an der Zimmertür stehen. In Emilies Rükken. Die steht am Tisch und durchbohrt Renate förmlich mit ihren Blicken. Unter diesen zwingenden Augen wird Re-

nate blaß. Sie erhebt sich mechanisch, lehnt die Schultern schutzsuchend gegen den kalten Ofen. Emilie dreht den Kopf zur Mutter.
„Komm her!“ sagt sie heiser. „Ist das Renate oder nicht?“ Ihr Zeigefinger deutet auf die Zeitung herab, mitten hinein in das Täterbild.
Ängstlich nähert sich die Mutter dem Stubentisch. Sie betrachtet die Zeichnung. Dann schüttelt sie verwirrt den Kopf. Trotzdem kann sie nicht verhindern, daß ein Zittern durch ihren Körper läuft.
„In der Zeitung steht, Renate hat eine alte Frau niedergeschlagen und Geld geklaut. Da steht, sie hat sich als Frau Schumann eingeschlichen. Jetzt sucht die Polizei Leute, die Angaben machen können.“ Emilie greift nach der feuchten Zeitung auf dem Tisch und hält sie der Freundin wortlos hin.
Die Mutter nimmt die Zeitung am äußersten Eckchen. Mit unsicheren Schritten geht sie zum Sofa und setzt sich. Zum Lesen ist sie viel zu aufgeregt. Ihr reicht, was Emilie da erzählt. Dennoch flüstert sie, und es klingt wie eine alte Beschwörungsformel: „Das ist eine Lüge, Emilie. Eine hundsgemeine Lüge!“ Doch als sie zur Tochter sieht, ahnt sie, daß es nicht so ist. Renate lehnt wie leblos, unnatürlich bleich am Ofen. Die Knie scheinen ihr jeden Moment wegzusacken. Auf ihrer Oberlippe haben sich Schweißperlen gebildet. Doch bevor die Mutter etwas fragen kann, ist es mit Emilies Geduld vorbei. Sie ist nicht die ganze Strecke durch den Regen gelaufen, um abzuwarten. Sie will Gewißheit.
Emilie eilt zum Ofen, greift nach Renates Pulloverärmel und zieht die Widerstrebende hinter sich her durch die Stube bis zum Sofa. Mit der freien Hand angelt sie nach der Zeitung. Renates Augen sind weit aufgerissen; sie wirken wie leblos.
Ist das dein Bild?“
Emilie läßt den Ärmel los und glättet die Zeitung auf dem Tischtuch. Die Überrumpelte schaut blicklos in Richtung Fenster. Ihr Mund ist trotzig geschürzt. Blitzschnell dreht sich Emilie von der Zeitung weg. Sie faßt Renate bei den

halblangen Haaren. Dann ruckt sie ihr den Kopf nach unten bis kurz über die Druckseite. Der Angriff kommt für Renate so plötzlich, daß sie nicht parieren kann. Nun hängt ihr Kopf, wie in einem Schraubstock, schmerzhaft über der Zeichnung fest.

Dieses verdammte Zeitungsbild! Renate spürt, wie in ihrem Körper jede einzelne Nervenfaser zu vibrieren beginnt. Emilie versetzt ihr einen derben Stoß, und sie prallt gegen die Tischkante.

Die Mutter sitzt zusammengesunken auf dem Sofa. Ihr Gesicht ist ganz klein geworden. Die Lippen sind blau und zittern unaufhörlich. Sie sieht jetzt ebenfalls zur Tochter, deren Hände sich haltsuchend um die Tischkante klammern.

„So eine Schande. Das überlebe ich nicht."

Ohne Erbarmen betrachtet Renate die rote Nase der Mutter und die Tränen, die schon wieder reichlich rinnen. Sie überlegt, was in diesem Augenblick am günstigsten zu sagen wäre. Doch da öffnet sich ihr Mund bereits, und es kommt ganz leicht heraus, dieses: „Ja, das bin ich!"

Emilie schnauft. Unvermutet heftig geht Renate zum Gegenangriff über.

„Jetzt hast du endlich mal einen Heulgrund", sagt sie und lacht. Es ist ein krampfiges böses Lachen, ohne Herzlichkeit und Wärme.

Die Mutter faßt sich nach dem Herzen. „Aber weshalb, Renate?"

„Ich hasse euch! Dich und Emilie. Ich kann seit langem nur noch diesen einen Gedanken denken. Haß und immer wieder Haß. Ihr habt mein Leben kaputt gemacht, und ihr habt euren Spaß gehabt. Ich war für euch nichts weiter als ein Spielstein in eurem Scheiß-Mensch-ärgere-dich-nicht. Die vielen Jahre hindurch habt ihr mich nicht gefragt, wie mir dabei zumute ist, und ihr fragt auch heute nicht. Wenn es nicht in der Zeitung stehen würde und ihr nicht um eure Ehre bangen müßtet, es wäre euch egal."

Emilie zieht sich endlich den nassen Mantel aus. Sie legt ihn achtlos über eine Stuhllehne. Danach holt sie sich ein Handtuch aus dem Schrank und beginnt, den Kopf trockenzureiben.

„Du bist ja verrückt!“ entgegnet sie trocken. „Deine Mutter und ich haben uns ein Leben lang für dich abgeschunden. Dafür schuldest du uns Dank. Wenigstens dafür.“

„Nichts als leere Worte“, schreit Renate hysterisch. „Für mich hat sich keiner abgeschunden. In dieser Wohnung dreht sich, seit ich denken kann, alles um dich, Emilie. Ich habe überhaupt nicht gezählt. Alles war mir verboten, damit du deine Ruhe hast. Nicht einmal in die Ferien fahren durfte ich, damit der dritte Spieler nicht fehlt.“

Renate läßt die Tischkante los. Sie geht zurück zum Ofen und lehnt Rücken und Kopf dagegen.

Vergeblich versucht die Mutter die Trockenheit im Mund wegzuschlucken. Der Schmerz in der Herzgegend hat zugenommen.

„Das habe ich alles nicht gewußt“, sagt sie betroffen. „Du hast nie darüber gesprochen.“

„Du hast ja nie zugehört!“ schreit Renate. „Du warst wie verhext von dieser Vettel. Mich brauchtest du nur zum Abreagieren, wenn Emilie dich geärgert hatte.“

Die Mutter richtet sich steil gerade auf in ihrer Sofaecke.

„Das ist nicht wahr“, versucht sie sich zu verteidigen.

„Und doch ist es so“, beharrt die Tochter. „Erst viel später begann ich zu begreifen, Vater hatte dich längst durchschaut. Du bist kalt und ohne Liebe.“

Die Mutter duckt den Kopf weg, wie unter einem schweren Schlag. Sie öffnet den Mund und schließt ihn wieder. Eine bittere Falte kerbt sich tiefer um ihre Mundwinkel. Doch Renate läßt ihr keine Zeit zum Luftholen.

„Vater wollte mit mir weggehen. Aber dann kam das mit seinem Autounfall, und ich blieb dir schutzlos ausgeliefert mit meinen vier Jahren. Weil du durch Vaters Absicht, dich zu verlassen, tödlich verletzt warst, mußte auch ich drangsaliert werden. Du und Emilie, ihr habt die Mittel meisterhaft beherrscht. Ihr habt mich an euch gekettet, lebenslänglich.

Warum müssen Kinder für die Sünden der Mütter bezahlen?"
Die Mutter sitzt zusammengekrümmt auf dem Sofa, und die Tränen laufen unaufhörlich. Der Haß der Tochter macht sie hilflos. Emilie hält mit dem Trockenrubbeln der Haare inne. „Das könnte dir so passen, uns die Schuld in die Schuhe zu schieben", antwortet sie für die Mutter. „*Wir* haben eine saubere Weste."
Sie sieht zur Mutter mit einem solidarischen Lächeln, doch die preßt nur stumm beide Hände gegen die linke Brusthälfte und atmet sehr flach.
„Ich habe getötet", sagt Renate feierlich. „Immer wieder habe ich dich getötet. Aber ich bin trotzdem nicht von dir freigekommen. Man kriegt die Nabelschnur nicht los, bleibt Mutter und Tochter. Und so habe ich dich vergebens verbrannt und die Treppe hinuntergestoßen, nutzlos zu Tode erschreckt und dir den Korridorläufer unter den Füßen weggezogen. Deine vielen Gesichter sind gestorben. Doch wenn ich anschließend nach Hause kam, hocktet ihr über dem Mensch-ärgere-dich-nicht-Spiel. Da ahnte ich bereits, eines Tages werde ich wieder losgehen. Ihr seid die wahren Mörder! Euch muß man einsperren. Ich bin euer Opfer. Ich bin unschuldig."
Emilie läuft zum Ofen und schlägt blindlings mit beiden Fäusten auf Renate ein. „Du mieses feiges Stück!" keucht sie. Doch dann werden ihre Schläge kraftloser, und Renate schiebt sie achtlos zur Seite, damit die Sicht zur Mutter wieder frei ist. Die sitzt jetzt mit gesenktem Kopf und redet Unzusammenhängendes vor sich hin. Sie scheint keine Kraft mehr zu haben zur Verteidigung. Zu ungeheuerlich klingt, was die Tochter da vorbringt.
Renate kann das leichte Frösteln, das ihren Körper überkriecht, nicht länger unterdrücken. Ihre Knie beginnen zu zittern. Der quälende Kopfschmerz hinter der Stirn setzt ein und das Flirren in den Ohren. „Erinnerst du dich noch an Siegfried?" fragt Renate die Mutter. „Wir wollten heiraten. Die Wohnung war schon gemietet."

Die Mutter röchelt schwach. „Emilie, meine Medizin!“
„Du hast alles kaputtgemacht mit deiner ewigen Angst, ich würde vor der Zeit ein Kind anbringen. Deshalb hast du ihm eingeflüstert, ich sei nicht treu. Er hat dir mehr geglaubt. Du hast mir nie eine Lebenschance gelassen in dieser muffigen Hinterhauswohnung ohne Sonne.“
Renates Gesicht verzerrt sich zu einer Grimasse. „Du hast in diesem Wohnloch nie zugelassen, daß ich erwachsen werde. Ich bin hier nur älter geworden. Es ist schrecklich! Dafür hasse ich dich. Und ich hasse mich, weil ich dir immer ähnlicher werde mit meiner menschenfeindlichen Nächstenliebe. Es ist so leicht, jemanden zu täuschen. Dabei sehnten sich Vater und ich immer nach deiner Wärme und Zärtlichkeit. Ich erinnere mich noch genau, wie ich mit Vater im Schlafzimmer auf dem Bett saß. Wir weinten über deine Härte. Am nächsten Tag, nach eurem großen Streit, fuhr er sich tot. Daß ich heute unfähig bin zu lieben ist dein Werk. Darauf kannst du stolz sein.“
Die Mutter versucht aufzustehen. Es gelingt ihr nicht. Die Beine versagen. Beschwörend reckt sie die Arme der Tochter entgegen und flüstert: „Wir können das alles wiedergutmachen.“ Dann sinken ihre Arme kraftlos herab. Der Schmerz überflutet den Brustraum, strahlt bis in die linke Hand hinein. Sie stöhnt laut. Emilie läuft eilig nach der Medizin im Wohnzimmerschrank. Doch bevor sie bei der Freundin ist, krampfen sich die Finger der alten Frau plötzlich zusammen. Sie röchelt kurz. Dann kippt der Kopf zur Seite.
Renate schreit auf. Es ist ein Schrei aus Wut und Verzweiflung. Sie löst sich vom Ofen und rennt die paar Schritte zum Sofa. Dort geht sie vor der Mutter auf die Knie und beginnt zu schluchzen.

ABV Grünwald zeigt seinen Dienstausweis an der Wache des Kreisamtes. „Zur K", erklärt er knapp und geht ohne Verzögerung weiter durch das gesamte Vorderhaus hindurch bis hin zur eisenbeschlagenen Gittertür, die in den Innenhof führt. Er ist groß und hager und wird im nächsten Monat vierundsechzig. Mit Schwung stößt er die schwere Tür auf und sieht mißmutig in den Regen und zum gegenüberliegenden Hauseingang, hinter dem er die Kriminalpolizei weiß. Er gibt sich einen Ruck und patscht eilig durch den Regen auf Block A zu.

Zur gleichen Zeit kommt Karin Mikulka mit einem gefüllten Einkaufsnetz aus der Betriebsverkaufsstelle. Sie klappert die Eisenstufen hinunter und rennt im Dauerlauf und ohne Schirm über den Hof und auf die schützende Eingangstür zu. Sie hatte die Knobelei um den Mittagseinkauf für die Arbeitsgruppe verloren. Sie protestierte zwar lauthals, aber Spielschulden sind Ehrenschulden. Also mußte sie hinaus ins Nasse und durch riesige Hofpfützen hindurch.

An der Eingangstür treffen Grünwald und Mikulka aufeinander. Der ABV hält ihr bereitwillig die Tür auf, und Karin schlüpft eilig ins Trockene. Dort schüttelt sie sich wie eine Katze, die Regen nicht leiden kann.

„Scheißwetter!" sagt sie zum ABV. „Da sollte man zu Hause hinterm Ofen bleiben."

Grünwald stampft das Wasser von den Stiefeln und klopft die Tropfen von der Mütze. „Sieht nach Dauerregen aus", antwortet er und gibt der jungen Frau die Hand. „Oberleutnant Grünwald!"

Die Kriminalistin nennt ihren Namen.

„Ach, Sie sind das!"

Karin Mikulka runzelt die Stirn. Sie kann sich nicht erinnern, dem ABV schon einmal begegnet zu sein. Doch da sagt dieser vertraulich: „Erst so kurz bei uns im Kreisamt und schon bekannt wie ein bunter Hund. Alle Achtung. Sie sind

doch die mit dem ‚Stadtgespenst', oder?"
Karin nickt.
„Ich glaube, ich kenne die Frau auf dem Informationsblatt!"
Die Kriminalistin sieht gespannt zu Grünwald hoch.
„Wer so lange wie ich ABV ist, kennt alle Leute im Wohngebiet. Sie heißt *Renate Rotholz!* Im gleichen Haus wohnt eine Rentnerin. Erster Stock links. Die heißt Schumann. Else Schumann."
Einen Augenblick ist Karin versucht, sofort mit dem ABV zu der Adresse zu fahren. Doch im nächsten Moment schüttelt sie bereits den Kopf über sich. Es steht zuviel auf dem Spiel, weiß sie. „Kommen Sie, der Major wird sich freuen", entgegnet sie und steigt vor Grünwald die Treppe hinauf in den dritten Stock.

Sonnabend, 20. Oktober, 10 Uhr 30

Seit dem Zusammenbruch von Hildegard Rotholz sind fünf Minuten vergangen. Fünf lange Minuten, in denen Renates erstmaliger Redemut und aller Haß auf die Mutter weggeschwemmt wird mit Tränen. Hilflos und von dumpfer Verzweiflung geschüttelt, hockt sie auf dem Teppich.
Emilie beobachtet, wie Renate immer mehr in sich zusammenrutscht. Nichts ist mehr übrig von Aufbegehren und Unbotmäßigkeit. So ruhig wie möglich versucht Emilie sich über die Situation klarzuwerden. Sie kommt zu dem Schluß: es muß alles so weiterlaufen wie bisher. Das wäre der beste Schutz für Renate. Aber es wäre auch ein Druckmittel gegen sie, überlegt die alte Frau.
„Höre auf zu heulen. Du hast gehofft, daß sie stirbt, also lebe damit!"
Renate will nichts hören. Sie weint weiter hemmungslos vor sich hin. Emilie rüttelt sie kräftig an den Schultern, bis sie

endlich den Kopf hebt. „Wir müssen den Doktor holen!“ sagt sie bestimmt. „Der wird nichts Außergewöhnliches feststellen können. Schließlich mußten wir seit langem mit dem Schlimmsten rechnen.“
Renate nickt. Zum ersten Mal seit langer Zeit blicken ihre Augen dankbar zu Emilie.
„Wenn du nicht spurst, gehe ich zur Polizei! Dann kommst du hinter Gitter.“
Renate knirscht mit den Zähnen. Langsam kriecht ihr die Kälte den Rücken hoch und weiter über die Kopfhaut bis vor zur Stirn. Deutlich spürt sie, wie sich die Nacken- und Kopfhaare sträuben. Der Schmerz hinter der Stirn wächst sich zur Unerträglichkeit aus. Wie aus weiter Ferne vernimmt sie Emilies Stimme, die ihr mitteilt, daß sie zu ihr ziehen wird. „Ich schwöre dir, es wird die Hölle. Das mit Hildegard wirst du abbüßen. Tag für Tag!“
Mit einem heiseren Schrei taumelt Renate vom Boden hoch und auf die alte Frau zu. Sie versucht mit beiden Händen Emilies Hals zu umklammern. Es ist ein kurzer verbissener Kampf auf beiden Seiten. Dann kann sich Emilie frei machen. Wie eine Dampframme geht sie auf Renate los. Diese weicht vor der alten Frau zurück. Sie spürt die Aussichtslosigkeit, gegen Emilie anzukommen und flüchtet aus der Wohnung.

Sonnabend, 20. Oktober, 10 Uhr 35

Trotz des Protestes von Leutnant Mikulka blieb der Chef bei seiner Entscheidung, daß Oberleutnant Peuker und Leutnant Bär den ABV begleiten sollten. Es erschien ihm für eine Festnahme günstiger.
Klaus Bär hält mit dem grauen Trabant am Straßenrand. Skeptisch sieht er durch den Regen zum gegenüberliegenden Haus. Es wirkt durch die Nässe noch trister mit seiner schmucklosen dunkelgrauen Fassade. Klaus Bär schaltet den

Scheibenwischer aus und stellt den Motor ab. „Hier war ich vor einer knappen Woche“, sagt er zu Ulf. „Hoffentlich haben wir heute mehr Glück, Fehlmeldungen gab es schon zu viele.“
Nach dem Aussteigen überqueren alle drei eilig die nasse Straße und verschwinden im Hauseingang. Von den Wänden bröckelt Putz in großen Fladen. An einigen Stellen glänzen die nackten Mauersteine salpeterweiß. Auf dem handtuchbreiten Hinterhof deutet Grünwald zu den Fenstern im obersten Stock hinauf. „Dort ist es!“
Die Kriminalisten informieren sich kurz, dann verschwinden auch sie schleunigst im Hinterhaus. Rasch steigen sie die vielen Treppenstufen bis ganz nach oben. Auf dem letzten Podest angelangt, liest Ulf Peuker halblaut den Namen vom Türschild ab: „Karl Rotholz.“ Er sieht fragend zu Grünwald.
„Er hat sich nach einem Familienstreit totgefahren“, erklärt er. „Wieviel davon allerdings Gerede ist, weiß ich nicht. Ist mindestens fünfunddreißig Jahre her. Noch vor meiner Zeit.“
Ulf drückt auf den Klingelknopf, während sich Grünwald und Klaus Bär für alle Fälle an der Treppe postieren. Nach kurzer Zeit sind Schritte in der Wohnung zu hören. Dann wird die Tür aufgerissen. Emilie schaut verdutzt auf die Fremden. Ulf Peuker zieht seine Dienstmarke. „Kriminalpolizei. Oberleutnant Peuker!“
Auf Emilies Gesicht wechseln Schreck und Erstaunen einander ab. Ihre Augen wandern von der Uniform über die beiden jungen Männer und zurück. Einen Moment schwankt sie, was sie tun soll. Dann ist es entschieden. „Gut, daß Sie kommen“, sagt sie. „Renate hat beinah ihre Mutter getötet.“
Sie läßt einen ersten Schluchzer hören und deutet scheu in Richtung Wohnzimmer. Ulf Peuker geht forsch auf die Tür zu und stößt sie unvermittelt auf. Der ABV und Klaus Bär sichern derweilen den Eingang. Im Zimmer auf der Couch liegt eine magere kleine Frau mit halbgeschlossenen Augen. Der Oberkörper ist hochgebettet. Sie atmet flach und stoß-

weise. Im Raum hängt durchdringender Medizingeruch. Die alte Frau war kurz nach Renates Flucht aus der Wohnung aus ihrer Ohnmacht erwacht. Ulf winkt Klaus Bär zu sich.
„Sieh mal in den anderen Räumen nach“, sagt er knapp.
Wenig später kommt Klaus wieder herein. Er hatte in Schlafzimmer, Küche und Toilette geguckt. Nichts!
„Wo ist sie?“ fragt Ulf Peuker streng.
Emilie zuckt die Schultern. „Weg!“
„Seit wann?“
„Gerade eben. Sie hätten ihr fast noch auf der Treppe begegnen müssen.“
Ulf Peuker wendet sich an Klaus. „Ruf drinnen an“, sagt er. „Wir brauchen Verstärkung. Die sollen den K-Dienst schikken. Außerdem müssen sofort alle Ausfallstraßen gesperrt werden. Weit kann sie noch nicht sein. Vielleicht kommt sie auch in die Wohnung zurück. Also keine Polizeiautos unmittelbar vor dem Haus. Keine Uniformen. Na, du weißt schon.“
Klaus Bär nickt. „Ist schon ein Arzt verständigt?“ fragt er die alte Frau. Emilie verneint. „Ich erledige das“, versichert er ihr und entfernt sich eilig.
„Ein Glück, daß Hildegard noch lebt“, sagt Emilie und schnaubt ein wenig zu lange ins blaukarierte Taschentuch.
„Wollen wir uns nicht setzen?“
Emilie sieht dankbar zu dem Kriminalisten auf. Beide gehen zum Wohnzimmertisch und nehmen Platz.
„Renate hatte es heute drauf angelegt. Sie war wie eine Furie“, beginnt die alte Frau zu erzählen. „Sie schrie ihr ins Gesicht, daß sie die Mutter viele Male umgebracht habe. Verbrannt und die Treppe hinuntergestoßen ...“
Emilie verzieht bekümmert das Gesicht. Die Augen schimmern feucht. Es war furchtbar“, flüstert sie. „Hildegard hat sich immer mehr aufgeregt. Plötzlich kippte ihr Kopf zur Seite. Wir dachten, jetzt ist alles aus.“
Sie steht auf, geht zur Freundin und setzt sich zu ihr auf das Sofa. Frau Rotholz hatte das Gespräch bislang stumm verfolgt.

„Nach Hildegard sollte ich drankommen“, flüstert Emilie. Sie nimmt den feuchten Halswickel ab. Würgemale! Dann greift sie nach der Hand der Freundin und drückt sie sacht. Ulf Peuker erkennt, daß Emilie doch stärker aufgeregt ist, als es im ersten Augenblick an der Korridortür den Anschein hatte.
„Wann ist Frau Rotholz gestern aus der Wohnung weg?“ fragt er die Mutter.
Emilie übernimmt die Antwort. „Wir hatten sie eingeschlossen. Sie war so störrisch, wollte nicht mit uns Mensch-ärgere-dich-nicht spielen. Freitags ist unser Kaffeenachmittag. Seit vierzig Jahren.“
Der Kriminalist wird hellhörig. „Gibt es keinen Mann in Frau Rotholz' Leben?“
„Wozu?“ erwidert Emilie schroff. „Sollte das Mädel die gleiche bittere Erfahrung machen wie Hildegard, daß ihr der Mann durchbrennen will mit einer anderen? Davor haben wir sie bewahrt!“ Sie blickt trotz ihres Kummers sehr selbstgerecht zu dem jungen Mann und dann zur Freundin. Fürsorglich streicht sie ihr die Kissen glatt. „Sicher, gehofft hat die dumme Trine bestimmt noch auf einen“, redet sie weiter. „Sonst wäre das mit dem Doktor halb so schlimm gewesen. Der hat es ihr auf den Kopf zugesagt. Schluß! Aus mit Kinderkriegen. Wechseljahre! Da hat sie drei Tage lang geheult und kein Wort mit uns gesprochen. Wir wußten erst gar nicht, was los war. Aber dann stand sie immer vor dem Spiegel und hat sich die grauen Haare herausgerissen. Als ob man so das Altwerden vertuschen kann.“
Ulf Peuker sieht die Mutter ernst an. „Ihre Tochter hat Geld gestohlen und getötet. Wußten Sie davon?“
Emilie rutscht näher zur Freundin. „Wir sind anständige Leute“, sagt sie. „Wir wollen davon nichts hören.“ Sie fährt sich mit dem Taschentuch über die Augen. „Erst diese schreckliche Geschichte mit der Katze und jetzt das heute.“ Zum ersten Mal weint sie laut auf. Plötzlich wirkt sie um vieles älter.
„Erzählen Sie!“ fordert der Kriminalist.

„Es war im Herbst. Kurz nach dem Doktor. Renate war an dem Freitag unausstehlich. Immerzu hatte sie es auf Hildegards gelbgetigerte Katze abgesehen. Am Nachmittag passierte es. Sie klemmte Minka in der Wohnzimmertür die Schwanzspitze ab. Es war grauenhaft. Hildegard bekam einen schweren Herzanfall. Wir mußten den Arzt holen."
Ulf Peuker überlegt. Zuerst der Doktor. Dann der Angriff auf die Katze. Danach lag der erste Besuch bei der verdrehten Gertrud Kraatz. Die entdeckt bei Renate Rotholz graue Haare, daraufhin zerschlägt ihr Renate den Spiegel. Es scheint aneinanderzupassen. Hier würde man bei einer späteren Vernehmung ansetzen müssen. Hier lag der Schlüssel für das Motiv.

Sonnabend, 20. Oktober, 10 Uhr 40

Nach der Flucht aus der Wohnung war Renate Rotholz ohne Schirm und Mantel in den Regen hinausgelaufen. Sie hetzte die Straße entlang, bis hin zu dem einsamen Grünplatz, wo der rote Lada parkte. Sie ließ sich ins Auto hineinfallen und wurde dort minutenlang von heftigen Weinkrämpfen geschüttelt, gegen die sie sich nicht zu wehren vermochte. Dann wurde das Weinen leiser und versiegte. Doch die innere Stumpfheit blieb.
Das unaufhörliche Regentrommeln auf dem Autodach holt Renate in die Wirklichkeit zurück. Energisch wischt sie mit dem Handrücken die Tränen vom Gesicht und startet den Wagen. Ohne nach rechts und links zu sehen, schießt das Auto davon. Leicht schleudernd biegt es in die nächste Nebenstraße ein.
Renate schaltet trotz strömenden Regens den Scheibenwischer nicht ein. Sie hat es vergessen. Nach kurzer Zeit ist die Fahrbahn für sie nur noch schemenhaft erkennbar. Es macht ihr nichts aus. Mit überhöhter Geschwindigkeit rast sie

dahin, überfährt zwei Ampelkreuzungen bei Rot und beschmutzt Passanten mit großen Spritzfontänen. Sie bemerkt es kaum. Sie will nur fahren. Weiter nichts als fahren. Sie will diesen Kitzel auskosten, diesen Geschwindigkeitstaumel. Plötzlich überkommt sie ein Gefühl von Freisein. In ihr ist eine wahnsinnige Leichtigkeit, rauschähnlich. Doch mitten in dieses Gefühl hinein taucht am Ende der Straße Emilie auf, am Rande der scharfen Linkskurve. Überlebensgroß und deutlich zu sehen steht Emilie vor dem breiten gelben Haus. Sie steht einfach da und deutet mit gestrecktem Arm auf Renate. Dabei lacht sie laut. Lacht und lacht. Es ist ein böses Lachen, das Renate in den Ohren gellt. Das zu dröhnen beginnt und nicht aufhören will. Da beugt sich Renate zum Lenkrad vor und umklammert es fester. Sie tritt das Gaspedal bis zum Anschlag durch und hält auf Emilie zu, in den Mundwinkeln ein gelöstes Lächeln.

Sonnabend, 20. Oktober, 10 Uhr 55

Der Kriminaldienst trifft in der Wohnung von Hildegard Rotholz ein. Die Spurensicherung beginnt. Da kommt über Funk die Meldung durch: „Einsatz abbrechen. Schwerer Unfall am Luiseneck. Fahrerin des roten Ladas vermutlich die gesuchte Brennpunkttäterin Renate Rotholz."

ABV Grünwald und die beiden Kriminalisten verbleiben zur Absicherung in der Wohnung, während der Blaulichtwagen zur Unfallstelle fährt, wo er fünf Minuten später eintrifft. An der Unglücksstelle wimmelt es bereits von Kriminalisten und Verkehrspolizisten. Karin Mikulka ist unter ihnen. Auch Staatsanwalt Aurich und Major Kunze sind da und ein Krankenwagen mit laufendem Blaulicht. Hinter der Absperrung haben sich einige Schaulustige eingefunden trotz des miesen Regenwetters.

Oberleutnant Diel weist die neu hinzukommenden Kriminaltechniker in die Lage ein: „Der rote Lada war Augenzeugenberichten nach mit überhöhter Geschwindigkeit wie ein Geschoß auf das gelbe Gebäude zugerast und frontal gegen die Hauswand geprallt. Einer der drei Augenzeugen steht unter Schock. Er wird gerade medizinisch versorgt. Die beiden anderen geben ihre Aussage im zweiten K-Dienstwagen zu Protokoll.

Der Gerätewagen der Feuerwehr mit Hebewerkzeugen und Schneidbrennern an Bord fährt mit Sondersignal vor. Die Feuerwehrleute springen heraus. Kurz darauf beginnen sie, den an der Hauswand zusammengeknautschten Lada auseinanderzuschneiden, um die Person im Innern bergen zu können.

Steifbeinig geht Karin Mikulka auf den Wagen zu und sieht hinein. Es ist ein scheußlicher Anblick. Das Lenkrad hat der Frau den Brustraum zertrümmert. Unterleib und Beine sind eingequetscht. Die Frau ist tot. Ein hellroter Blutfaden am linken Mundwinkel, die Augen starr aufgerissen, sonst ist das Gesicht unbeschädigt.

Karin Mikulka würgt es im Hals. Sie muß schnell wegsehen und mehrfach tief durchatmen. Dann konzentriert sie sich auf das Wageninnere. Sie versucht dabei über die Frau hinwegzusehen. Jetzt kommt auch Major Kunze herbei. Er will etwas sagen, doch Leutnant Mikulka deutet stumm auf die grauen Lokken, die aus dem zusammengedrückten Handschuhfach heraushängen.

„Vielleicht sind da noch andere Perücken drin", sagt sie und beißt die Zähne zusammen.

Kunze winkt einen Kriminalisten mit Fotoapparat herbei. Staatsanwalt Aurich tritt hinzu. Er nickt befriedigt. Doch Karin Mikulka ist mit ihren Gedanken schon weiter. Ihre Augen haben sich am Sofakissen auf der Rückbank festgehängt, ohne daß sich ein bestimmter Gedanke formiert. Dann weiß sie plötzlich ...

Sie läßt sich von einem der Feuerwehrleute ein Feuerbeil geben und schlägt den Rest der Scheibe aus dem rechten Seitenfenster. Vorsichtig faßt sie in das Innere und zieht das Kissen heraus. Sie dreht den Reißverschluß nach oben und öff-

net ihn. Die Kissenhülle ist mit Geldscheinen gefüllt. Leutnant Mikulka reicht dem Staatsanwalt das Kissen unter den Schirm. Er fingert die Scheine durch und holt ein Sparbuch heraus. Es ist Charlotte Heyses. „Na also", sagt er, nachdem er es aufgeschlagen hat. „Die Beweiskette schließt sich."
Oberleutnant Diel tritt zu der Gruppe und gibt dem Major die Funkmeldung weiter, daß der rote Lada auf Elli Krause zugelassen ist.
„War das nicht die alte Dame, die an Herzschlag gestorben ist?" vergewissert sich der Staatsanwalt. „Deshalb also die Schuldscheine. Elli Krause hätte ja jederzeit zur Polizei gehen und ihr Auto suchen lassen können. Sie muß bis zum Schluß arglos gewesen sein."
Karin Mikulka sieht Renate Rotholz noch einmal ins Gesicht. Dann muß sie vom Auto weg. Ihre Nerven spielen verrückt. Außerdem ist sie naß bis auf die Haut. Aber das ist jetzt gleichgültig. Als sie sich eilig von der Unfallstelle entfernt, fällt es ihr wieder einmal ein, daß es bessere Berufe gibt als ihren. Dabei hatte die Großmutter schon immer gesagt, daß sich das mit dem Zuspätkommen auswachsen würde, nur kann sie heute darüber nicht lächeln. Karin fühlt sich hundeelend. Sie lehnt sich gegen einen Straßenbaum und versucht tief durchzuatmen. Ein scheußlicher Fall. Nun waren also alle Puzzlestücke zu einem Teil zusammengefügt. Trotzdem – viele Fragen blieben.

Demnächst in der DIE-Reihe:

Wolfgang Schreyer
Unabwendbar

I Christian Wendt war einsachtzig groß, fünfundsiebzig Kilo schwer und in den zweiundvierzig Jahren seines Lebens kaum einmal krank gewesen. Es schien, als meine die Welt es gut mit ihm. Er war Hauptmann der Kriminalpolizei und noch immer ein geschätztes Mitglied ihrer Handballmannschaft. Sein Sohn Stefan war seit Mai bei der Fahne, Ladeschütze in einem Panzer des Typs T-55. Stefans Klagen über die Härte des Dienstes verstummten allmählich. Seine Briefe wurden seltener, ganz gewiß ein gutes Zeichen.

Bei einem Offizier der K denkt man, wenn überhaupt, an einen besonnenen Mann, der Tugenden wie Tatkraft, Geduld und eine Art verschmitzter Heiterkeit mit Schläue und Zurückhaltung verbindet. Die Medien pflegen diesen Ruf, Bücher und Filme haben ihn poliert und damit in der öffentlichen Meinung wohl etwas Glanz hinterlassen. Ohne am Lack zu kratzen oder ihn frisch aufzutragen, soll hier versucht werden, den Hauptmann als unverwechselbar vorzustellen. Manch ein Beruf prägt die die ihn ausüben – ob in Uniform oder in Zivil; und doch bleiben sie einmalig.

Äußerlich mochte Wendt ein Dutzendtyp sein. Er hatte ein mageres Gesicht mit derbem Mund, gekerbtem Kinn, kurzgeschnittenem schwarzem Haar und eigentümlich hellen Augen, um deren Winkel sich Fältchen drängten. Er war als einfallsreicher Ermittler und unermüdlicher Arbeiter mehrfach ausgezeichnet worden. Seine Ehefrau Helga war hübsch und anschmiegsam gewesen, so lustig wie er selbst es einmal war; aber sie fühlte sich auf die Dauer von Wendt vernachlässigt und hatte ihn vor einem halben Jahr verlassen. Seitdem neigte er dazu, sich mit der Bemerkung, er sei an sinkende Schiffe gewöhnt, in aussichtslose Fälle zu verbeißen. Mehr hörte man von ihm nicht dazu. Er blieb gelassen, äußerlich.

Aber einige Zeit nach seiner Scheidung ging der Hauptmann in den Nordbezirk. Zögernd hatte man ihn, auf eigenen Wunsch, nach dort versetzt. Heraus aus seiner Stadt, Strich unter das Vergangene, mit zweiundvierzig ein neuer Start – das erschien ihm als die Lösung, als Radikalkur gegen ein Stimmungstief, das ihn seit dem Winter lähmte.

Nur, das Tief folgte Wendt nach Rostock in den beigefarbenen Bau der Bezirksbehörde, wo der Leiter der Kriminalpolizei ihn mit der Frage empfing, was er denn trinke, Kaffee, Tee, Kognak oder Klaren? Sie kannten sich von der Offiziersschule in Aschersleben, dasselbe Studienjahr, der Genosse hatte es zum Oberstleutnant gebracht und stieß mit ihm auf gute Zusammenarbeit an. Dann freilich stellte er Wendt, ungeachtet seiner Praxis in der Morduntersuchungskommission, ab zur besonderen Verwendung. Er wurde mit Papierkram beschäftigt; so sah es seine Empfindsamkeit. Ja, er war müde und reizbar geworden.

Anfangs brachte der Wechsel Wendt die doppelte Belastung. Daß war ihm nur recht. Er las sich ein in laufende Fälle und mußte zugleich Neues übernehmen, verzwickte Affären wie die eines betrügerischen Juweliers, dessen Akte ihm von der Abteilung Finanzen auf den Schreibtisch kam... Zweiundvierzig, dachte er manchmal, ist ein dummes Alter. Man ist zu jung, um alles zu begreifen, was einen betrifft, es fehlt der volle Durchblick – aber zu alt, um mit Entschuldigungen durchzukommen. Alt genug für Herzbeschwerden, aber noch zu jung, um es zuzugeben. Erfahren genug, um Schwätzer oder Narren zu erkennen, aber noch nicht weise genug, sie auch zu ertragen.

Der Oberstleutnant hatte ihn, wie es üblich ist, auf lokale Besonderheiten hingewiesen, erschwerende Umstände wie die drei Staatsgrenzen im Westen, Norden und Osten; die drei Häfen mit Seeleuten aus allerlei Ländern. Im Sommer Millionen von Urlaubern, die Auto fuhren, Bier tranken und was alles daraus folgen konnte. Tausende von Wandervögeln als Saisonkräfte, leider nicht sämtlich Edelknaben und -mädchen; so etwa drückte er sich aus. Wendt wußte, jeder Bezirk wartete mit Ähnlichem auf, unterstrich dies doch: Man stand auf schwierigem Posten. Sein eigenes Vorurteil beschränkte sich auf Worte wie „Ochsen im Wappen“ und Bismarcks „in Mecklenburg passiert alles hundert Jahre später“... Bald darauf begann Wendt selbständig zu ermitteln. Ohne Begeisterung – gemessen an dem, was er früher geleistet hatte, nahm der Fall sich belanglos aus. Aber er sollte sein Leben verändern.

So sehr ihm Rostock auch gefiel mit seiner Tradition, den Wallanlagen, den Backsteinbauten, seinem eher mittelstädtischen Charakter, dem Teerhauch an der Warnow, eben dem Fluidum von Weltmeer und Weite – in drei Punkten blieb der Nordbezirk hinter seinen Erwartungen zurück. Die Menschen zeigten sich zugeknöpfter, als sie Wendt von ein paar Urlaubswochen an der See in Erinnerung waren. Die Luft schien nicht mehr so klar zu sein wie noch in den siebziger Jahren. Und im Dienst störte gelegentlich die Länge des Einsatzraumes. Der Bezirk ist schmal, dafür endlos, er gleicht einem Fisch. Usedom der Schwanz, Rügen die Rükkenflosse. Die Mittelgräte, an der all das hängt, ist zweihundertachtzig Kilometer lang, fünf Stunden Asphalt, oft nur zweispurig.
Gleich hinter der Autobahn empfing ihn der erste Stau. Von rechts, wo man ein Düngemittelwerk hingeklotzt hatte, bogen Lastwagen ein, und es stank nach Chemie. Während er, umblubbert von Abgasen, auf das Lenkrad trommelte, wurde ihm fast übel: kein körperlicher, ein seelischer Effekt. Das Gefühl, passiv im Blech zu stecken, bedrückte Wendt mehr als nötig. Ihm war, als müsse irgend etwas schlecht ausgehen, nur weil er keine Möglichkeit sah, sich aus der Ko-

lonne herauszuarbeiten; so daß er auch unfähig sein würde, den Fall zu lösen, drei triste Einbrüche in Zweithäusern, die das Kreisamt in N. allein hätte aufklären können... Solche Anwandlungen waren sehr schwer zu deuten und wenig originell, nicht wert, wie ihm schien, sich damit aufzuhalten. Erst gegen Mittag erreichte er N. und hielt vor einem Gasthof am Ortseingang. Das Lokal hieß „Seerose", es war jetzt, in der Nachsaison halbleer. Wendt bestellt ein Gedeck und zog den Bericht hervor, den der K-Leiter des Kreisamts, ein Hauptmann Drews, nach Rostock geschickt hatte. Danach war der erste Einbruch Ende Juni bemerkt worden, der zweite Mitte August und der dritte vorgestern – Ende September. Obwohl es nie Fingerabdrücke und auch sonst kaum Spuren gab, nahm Drews an, daß es sich um eine Serie handele: immer derselbe oder dieselben Täter. Wohl waren sie, gewaltsam oder mit einem Nachschlüssel, auf recht verschiedenen Wegen in die Häuser eingedrungen, wenn niemand dort wohnte. Entwendet aber hatten sie durchaus Vergleichbares, nämlich *wertintensive* Dinge von beschränktem Gewicht; niemals Sperriges wie Teppiche oder Fernsehgeräte. Das allerdings schien das einzig Übereinstimmende zu sein.